MARCO POLO

POLEN

Reisen mit **Insider Tipps**

Polen ist ein Land im Umb
und hergerissen zwischen T
und Moderne. Dieses Spann
hältnis macht das Land auc
Außenstehende so interessan
MARCO POLO Bearbeiter
Knut Krohn
(siehe S. 146)

Das passt:
Der MARCO POLO Sprachführer Polnisch

Weitere MARCO POLO Titel:
Masurische Seen, Polnische Ostseeküste/Danzig, Warschau

Spezielle News, Lesermeinungen und Angebote zu Polen:
www.marcopolo.de/polen

POLEN

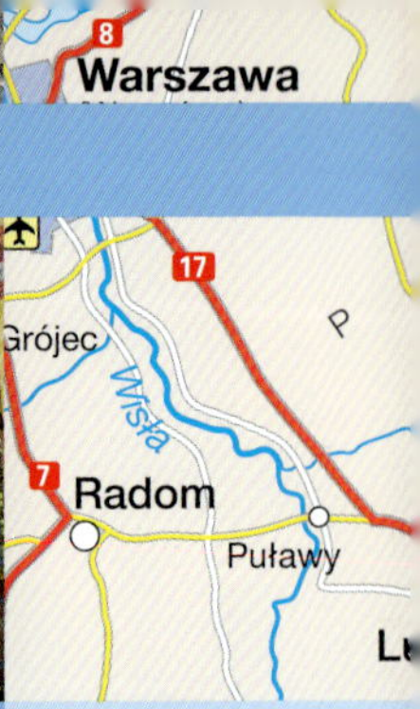

> SYMBOLE

Insider Tipp MARCO POLO INSIDER-TIPPS
Von unseren Autoren für Sie entdeckt

★ MARCO POLO HIGHLIGHTS
Alles, was Sie in Polen kennen sollten

SCHÖNE AUSSICHT

WLAN-HOTSPOT

HIER TRIFFT SICH DIE SZENE

> PREISKATEGORIEN

HOTELS

€€€ über 85 Euro
€€ 60–85 Euro
€ bis 60 Euro

Die Preise gelten pro Nacht für ein Doppelzimmer mit Frühstück in der Saison

RESTAURANTS

€€€ über 20 Euro
€€ 12–20 Euro
€ bis 12 Euro

Die Preise gelten für ein Essen mit Vor-, Haupt- und Nachspeise, aber ohne Getränke

> KARTEN

[128 A1] Seitenzahlen und Koordinaten für de Reiseatlas Polen u die Karte zu Kraka auf S. 89

[0] außerhalb des Kartenausschnitts

[U A1] Koordinaten für di Karte zu Warschau hinteren Umschlag

Zu Ihrer Orientierung sind auch die Objekte mit Koordinaten versehen, die nicht im Reiseatlas eingetragen sind

INHALT

> SZENE

S. 12–15: Trends, Entdeckungen, Hotspots! Was wann wo in Polen los ist, verrät die MARCO POLO Szeneautoren vor Ort

> 24 STUNDEN

S. 106/107: Action pur und einmalige Erlebnisse in 24 Stunden! MARCO POLO hat für Sie einen außergewöhnlichen Tag in Krakau zusammengestellt

> LOW BUDGET

Viel erleben für wenig Geld! Wo Sie zu kleinen Preisen etwas Besonderes genießen und tolle Schnäppchen machen können:

Spannend-spielerische Stadtführung S. 39 | Weit herumkommen mit der City-Card S. 52 | Preiswert satt werden in der Milchbar S. 62 | Billiges Bett in angenehmer Atmosphäre S. 78 | Jazz for free S. 96

> GUT ZU WISSEN

Was war wann? S. 10 | Spezialitäten S. 26 | Blogs & Podcasts S. 42 | Bücher & Filme S. 70 | www.marcopolo.de S. 116 | Was kostet wie viel? S. 117 | Währungsrechner S. 119 | Wetter in Warschau S. 120 | Aussprache des Polnischen S. 122

AUF DEM TITEL
Urwald in der Puszcza Białowieża S. 71
Nachtleben in Warschau S. 66

ENTDECKEN SIE POLEN!

Unsere Top 15 führen Sie an die interessantesten Orte und zu den wichtigsten Sehenswürdigkeiten

Die Highlights sind in der Karte auf dem hinteren Umschlag eingetragen

1 Długi Targ (Langer Markt)
Minutiös aus Ruinen wieder aufgebautes Schmuckstück und Zeugnis der Kulturvielfalt in Danzig, der Vielvölkerstadt der alten Hanse (Seite 32)

2 Malbork (Marienburg)
Mächtig thront die größte Burg des Deutschen Ordens am Ufer der Nogat (Seite 37)

3 Słowiński-Nationalpark
Wüstenlandschaft in Polen: Die bis zu 30 m hohen Sanddünen wandern jährlich 10 m weiter (Seite 38)

4 Kanał Elbląsko-Ostródzki (Oberländischer Kanal)
Mit dem Schiff übers Land von See zu See – ein Wunder der Technik (Seite 40)

5 Wilczy Szaniec (Wolfsschanze)
Schauplatz des missglückten Attentats vom 20. Juli 1944: In einem verwilderten Wald stehen die Reste des ehemaligen Hauptquartiers von Adolf Hitler (Seite 42)

6 Pałac Kultury (Kulturpalast)
Das Geschenk Stalins bietet heute jede Menge Modernes und einen traumhaften Ausblick auf Warschau (Seite 61)

7 Muzeum Powstania Warszawskiego (Museum des Warschauer Aufstandes)
60 Jahre nach dem Aufstand gegen die deutschen Besatzer wurde das moderne, eindrucksvolle Museum in Warschau errichtet (Seite 64)

> DIE BESTEN MARCO POLO HIGHLIGHTS

8 Friedenskirchen
Die Friedenskirchen von Jawor (Jauer) und Świdnica (Schweidnitz) verbergen hinter ihrem unscheinbaren Äußeren unerwartete Pracht (Seite 74)

9 Krzeszów (Grüssau)
Klosteranlage von überwältigender barocke Schönheit in schlesischer Landschaft (Seite 75)

10 Rynek (Marktplatz)
Der wunderschön restaurierte Marktplatz von Breslau zieht Flaneure, Kulturbegeisterte und Hungrige an (Seite 82)

11 Rynek Główny (Hauptmarkt)
Der ehrwürdige Markt von Krakau mit seinen Tuchhallen und den vielen Lokalen ist ein Touristenmagnet (Seite 88)

12 Ikone der Schwarzen Madonna
Alljährlich pilgern Hunderttausende Polen nach Tschenstochau, um vor dem Marienbild zu beten (Seite 91)

13 Oświęcim (Auschwitz)
Das Symbol der Völkervernichtung. Etwa 1,1 Mio. Menschen kamen hier in den Gaskammern der Nationalsozialisten um (Seite 92)

14 Wieliczka
Im ehemaligen Salzbergwerk staunt man über Gänge, prunkvolle Säle und Figuren aus funkelndem Salzstein (Seite 93)

15 Zamość
Das städtebauliche Kleinod der Spätrenaissance bezaubert jeden Besucher (Seite 99)

Marienburg (Malbork) an der Nogat

AUFTAKT

> Erleben Sie, wie spannend ein Land zwischen Tradition und Moderne ist. Finden Sie Erholung an den traumhaften Stränden der Ostsee oder an den unzähligen Seen und in den reichen Wäldern der Kaschubischen Schweiz und Masurens, fahren Sie durch die lieblichen Tiefebenen Großpolens und Masowiens, steigen Sie in die Berge der Sudeten und Karpaten. Sehen Sie, wie lebendig die großen Städte sind, wie akribisch und liebevoll Stadtteile und ganze Orte wieder aufgebaut und restauriert worden sind. Und vor allem anderen: Genießen Sie die legendäre polnische Gastfreundschaft!

> Wenn der Zug über die Oderbrücke in Richtung Osten rattert, vorbei an prächtigen Wiesen ohne Zäune und asphaltierte Zufahrten, vorbei an Wäldern, in denen die Bäume nicht in Reih und Glied stehen, und wenn die schöne, wilde Flusslandschaft der Oder mit ihren verschlungenen Nebenarmen und Sümpfen kein Ende zu nehmen scheint, dann ahnt man es schon: Man ist in einem weiten, zum Teil noch ungezähmten Land.

Und in der Tat, Polen ist groß. Mit fast 313 000 km² ist es fast so groß wie Spanien. Und mit 123 Ew. pro km², also 38,5 Mio. Ew., ist es relativ dünn besiedelt. Dabei gibt es auffallende regionale Unterschiede: Ganze Landstriche scheinen unberührt und menschenleer zu sein, wie zum Beispiel in Masuren. In den industriellen Ballungszentren und Großstädten dagegen leben bis zu 500 Menschen auf einem Quadratkilometer.

In den Innenstädten – hier in Krakau – reiht sich ein Straßencafé ans andere

Unterschiedlich prägt auch die Natur die Lebensumstände der 38 Mio. Polen. Das Land bietet eine große Vielfalt an Landschaften: im Norden die Küste mit traumhaften Ostseestränden, daran anschließend die unzähligen Seen und reichen Wälder der Kaschubischen Schweiz und Masurens, noch weiter südlich die Tiefebenen Großpolens und Masowiens und schließlich an der südlichen Grenze der Berggürtel der Sudeten und Karpaten.

> Einzigartige, urwüchsige, intakte Natur

Nicht nur seit jährlich 16 Mio. Touristen Polen besuchen, um die weitgehend intakte Natur und die einzigartigen ökologischen Reservate zu bestaunen, ist den Polen bewusst, dass dieses Kapital schützenswert ist. Ein Netz von Naturreservaten, Landschaftsschutzgebieten und Nationalparks überzieht das Land. Insgesamt soll künftig ein Fünftel des Staatsgebietes unter Naturschutz stehen, das ist doppelt so viel wie in Deutschland. Der Umweltschutz hat stark durch die von der EU zur Verfügung gestellten Mittel profitiert, mit denen Kläranlagen, Recyclingsysteme und Elektrofilter angeschafft wurden.

Polen ist ein Land im Aufbruch. Viele Besucher sind von dem greifbaren Aufschwung des modernen Polen überrascht und fasziniert. Überall wird gebaut. In den Vorstädten prägen große Fabriken und viele mittlere und kleinere Betriebe das Bild. Im Speck-

AUFTAKT

Weißer Strand unter dem weiten Himmel der Ostsee: Halbinsel Hela

gürtel der Städte bauen die Gewinner des Wirtschaftswachstums ihre Villen. Typisch ist der zum Teil geschmacklich noch unsichere Baustil mit unzähligen Türmchen, Bögen und kauernden Gipslöwen hinter wehrhaften Umzäunungen. In parkähnlichen Landschaften entstehen neue Wohngebiete, die mit einer guten Infrastruktur ausgestattet sind. In den Stadtzentren machen Prestigeobjekte mit moderner Architektur aus Stahl und Glas einander Konkurrenz.

> *Perfekt restaurierte historische Altstädte*

Die großen Städte sind voller Leben: Ungezählte Cafés und Kneipen säumen die Fußgängerzonen. Geschäfte mit wohlbekannten internationalen Marken wetteifern mit einheimischen Mode- und Designgeschäften um die Gunst der Kunden. Infotafeln mit Werbung für Sprachschulen, Verwaltungs- und Wirtschaftskurse pflastern die Fassaden. Die Zeitungen sind voll mit Inseraten von Internet- und Baufirmen sowie anderen Dienstleistungsunternehmen. Auf den Straßen sind viele junge Menschen zu sehen – Polen ist jung, ein Drittel der Einwohner Warschaus zum Beispiel ist jünger als 24 Jahre.

Auch der Wiederaufbau der historischen Sehenswürdigkeiten, ja, ganzer Städte aus den Nachkriegsruinen übertrifft so manche Erwartung. Wunderschön und liebevoll restauriert verzaubern sie mit einer unvergleichlichen Atmosphäre. Dass ein nicht gerade mit Reichtum gesegnetes Land wie Polen so viele Mittel für diese Dinge bereitstellt, liegt an dem besonderen Stellenwert, den die Kultur in Polen einnimmt. Fremdherr-

WAS WAR WANN?

Geschichtstabelle

966 Herzog Mieszko I. lässt sich und sein Volk taufen

1000 Kaiser Otto III. erhebt Gniezno (Gnesen) zum Erzbistum

1225 Konrad von Masowien ruft den Deutschen Orden gegen die Pruzzen zu Hilfe. Errichtung eines Ordensstaats

1410 Niederlage des Deutschen Ordens bei Grunwald (Tannenberg)

1506–72 „Goldenes Zeitalter der polnischen Kultur" unter den Jagiellonen

1573–1795 Zeit der Wahlkönige und Niedergang des polnischen Staats

1772–1895 Preußen, Österreich und Russland teilen Polen untereinander auf

1918 Nach dem Ende des Ersten Weltkriegs entsteht ein souveräner polnischer Staat

1939–45 Polen wird von deutschen und (zeitweise) sowjetischen Truppen besetzt. 6 Mio. Polen verlieren ihr Leben

1945 Nach dem Zweiten Weltkrieg wird Polen nach Westen verschoben, verliert knapp die Hälfte seines Staatsgebiets, und Schlesien, Hinterpommern und Teile Ostpreußens werden polnisch

1980/81 Gründung der Gewerkschaft Solidarność; Ausrufung des Kriegsrechts durch General Wojciech Jaruzelski

1989/90 Die Macht der Kommunistischen Partei schwindet; Arbeiterführer Lech Wałęsa wird Staatspräsident

1999 und 2004 Polen wird NATO- und EU-Mitglied

2007 Die liberale „Bürger-Plattform" unter Donald Tusk löst die konservative Partei „Recht und Gerechtigkeit" unter Jarosław Kaczyński bei Neuwahlen ab

schaft und Unterdrückung haben gezeigt, wie unverzichtbar diese materiellen und immateriellen Geschichtszeugen für die Bewahrung der nationalen Identität des polnischen Volkes sind.

> *Wegbereiter europäischer Geschichte*

Im Alltag wird die Geschichte keineswegs verdrängt, aber was die Menschen vor allem interessiert, ist das Hier und Jetzt – und eine Perspektive für morgen. Umfragen zufolge wünschen sich junge Polen „ein ganz normales Land", ohne den ständigen Blick auf die ruhmreichen Altvorderen, der für Generationen, auch noch für die ihrer Väter, mangels Perspektive unter der kommunistischen Herrschaft Leid- und Leitlinie war. Andererseits erklären die Jungen die Gründung einer eigenen Familie zum wichtigsten Lebensziel. Hier zeigt sich die tiefe Verwurzelung der polnischen Gesellschaft in den traditionellen Lebensformen.

Selbstbewusst halten die Nachbarn im Osten ihren Beitrag zur neuesten europäischen Geschichte hoch. Die Solidarność-Bewegung mit dem polnischen Papst Johannes Paul II. „im Rücken" hat nach Ansicht der Polen die Mauern der kommunistischen Regimes in Europa zum Einsturz gebracht. Dass dies nicht immer anerkannt wird, schmerzt die Polen. Sie suchen noch einen Platz in der europäischen Staatengemeinschaft, der in ihren Augen der Bedeutung ihres Landes entspricht.

Trotz des beschleunigten Lebensrhythmus und der neuartigen Sorgen – Polens legendäre Gastfreundschaft ist geblieben. Viele Touristen sind von der Warmherzigkeit und Spontaneität ihrer Gastgeber eingenommen. Dazu kommen die vielfältigen Angebote des Landes: Reiten, Golf, Segeln, Skifahren oder Eissegeln. Gestresste Urlauber loben die Ruhe und Einfachheit des Landlebens, die wohltuenden Kuren und guten Wellnessanlagen. Naturfreaks schwärmen von Wölfen, Wisenten, Seeadlern und Bibern in den Nationalparks. Für junge Menschen ist das Szeneangebot der Großstädte attraktiv, Familien loben die Kinderfreundlichkeit der Polen, Kulturinteressierte sind begeistert vom Reichtum der alten und der Avantgarde der modernen Kultur.

Zeugen einer bewegten Geschichte finden sich überall, so die Burg Olsztyn bei Tschenstochau

So manches, was bei einem oberflächlichen Blick auf Polen als einfach nur chaotisch eingeordnet wird, ist bei näherer Betrachtung spannend. Spannend ist die Brücke zwischen Tradition und Moderne, das Hin und Her zwischen den noch vorhandenen Spuren der Rückständigkeit und dem Fortschritt im Eiltempo. Spannend ist auch die Energie, mit der das Land auf seinem Weg in die Zukunft mehrere Stufen auf einmal nimmt. Wenn Sie sich als Besucher von der einzigartigen Natur und den wunderschönen Kulturdenkmälern verzaubern und vom Entwicklungstempo Polens beeindrucken lassen, dann nehmen Sie auch ein bisschen vom Geist dieses Landes und von der Warmherzigkeit Ihrer Nachbarn mit nach Hause.

TREND GUIDE POLEN

Die heißesten Entdeckungen und Hotspots! Unser Szene-Scout zeigt Ihnen, was angesagt ist

Michael Kowalinski
ist in der Nähe von Krakau geboren und lebt seit vielen Jahren in München, wo er Geografie studiert. Wenn er seine Geschwister und Großeltern in Polen besucht, genießt er die kreative, ungezwungene Atmosphäre seines Heimatlandes. Dann nutzt er seine Sprachkenntnisse und erforscht die neuesten Trends und coolsten Ecken der quirligen Städte Polens.

MUSIKALISCHES ERBE

Modern interpretiert

Pünktlich zum 200. Geburtstag feiert Polen seinen größten Komponisten. 2010 stand ganz im Zeichen von Frédéric Chopin – aber auch nach dem Jubeljahr ist sein Erbe nicht vergessen *(www.chopin2010.pl)*. Die multimediale Ausstellung *Experiencing Chopin* ist seitdem im *Ostrogski Palast* zu Hause. Bewaffnet mit intelligentem Audioguide bekommt jeder Besucher individuelle Informationen geliefert *(ul. Okólnik 1, Warszawa, www.chopin.museum.com)*. Musikalisch interpretiert das Projekt *Rock loves Chopin* die Stücke des Klaviervirtuosen auf moderne Weise, auch eine Jazzversion existiert. Wann und wo diese zu hören sind, weiß die Kulturinstitution *Estrada (www.estrada.com.pl)*. Der Chopin-Pfad durchquert die Innenstadt Warschaus auf den Spuren des jungen Chopin vorbei an 15 speziellen Marmorbänken, jede liefert eine andere Melodie und Informationen zum Komponisten *(erste Bank am Plac Krasińskich, letzte im Lazienkipark,* Foto*)*.

GUT UND HAUSGEMACHT

Bar Mleczny

Die Milchbars in Polen sind eigentlich ein sozialistisches Überbleibsel, aber in den letzten Jahren wurden sie zum wiederbelebten Kult. Dort füllen sich die jungen Polen gut und günstig den Magen. Probieren Sie die Rote-Beete-Suppe mit gekochtem Ei! Einfach und gemütlich mit einem bunten Angebot an Speisen ist die *Bar Mleczny Neptun* in Danzig *(Długa 33/34, www.barneptun.pl)*. Eine Liste von Warschaus Milchbars gibt's unter *www.zw.com.pl/barymleczne*; dort findet man zum Beispiel die allseits beliebte *Bar Uniwersytecki Karaluch (Krakowskie Przedmieście 20/22)* mit rot-weißem Interieur und Blumendeko wie bei Oma.

KÜNSTLERQUARTIER PRAGA

Neuer Wind im verrauchten Viertel

Praga in Warschau, am Ostufer der Weichsel, entwickelt sich zum angesagten Trendviertel! Laufend eröffnen neue Ateliers, Restaurants und Clubs, die die Avantgarde der Stadt anlocken. Das *Nizio* zieht Liebhaber moderner Kunst an *(ul. Inżynierska 3, www.nizio.com.pl)*. In dem Design-Studio mit eigener Galerie werden Newcomer gefeatured und Kunst-Workshops abgehalten. Am Abend gibt's im *Porto Praga* gleich auf drei Ebenen Unterhaltung: Dancefloor, Restaurant und Poker-Zigarrenbar *(ul. Stefana Okrzei 23, www.portopraga.pl*, Foto*)*. Im *W Oparach Absurdu*, zu Deutsch „In den Dämpfen des Absurden", atmet man die Atmosphäre des Viertels stilecht mit einer Menge Zigarettenrauch und bei Liveklängen, die Künstler haben keine großen Namen, obwohl es an Starattitüden nicht mangelt *(ul. Zabkowska 6, www.oparyabsurdu.pl)*.

ART IS ALIVE

Kunst und noch viel mehr

Den neuen Galerien reicht es nicht mehr, nur Kunst zu zeigen. Seit Neuestem sind sie Café, Ausstellungsort und Meetingpoint in einem. Zum Szenetreff Nummer eins entwickelt sich die *Galeria Pauza*. Hier kommen Kenner und Newcomer zusammen und diskutieren über Kunst. Neben aufstrebenden Talenten bietet die Galeria Pauza *(ul. Floriańska 18/5, Kraków, www.galeriapauza.pl,* Foto*)* auch eine Plattform für etablierte Künstler. Café, Verlag und sogar Seifenhandel in einem ist das *Między Nami Café*, das sich vor allem als Ort der kulturellen Begegnung versteht *(ul. Bracka 20, Warszawa, www.miedzynamicafe.com)*.

GLAM-DESIGN

Edel & stylish

Die Modewelt in Paris und Mailand bekommt Konkurrenz: Auf der *Warsaw Fashion Street* zeigen sich die aufstrebenden Talente *(www.warsawfashionstreet.pl)*. Als Edelstein-Designer verstehen sich die Brüder Marek und Mateusz Jóźwiak *(Rynek Główny 13, Kraków, www.ateliermjm.com,* Foto*)*. Für ihre Kreationen verwenden sie nur die wertvollsten Rohstoffe wie Bernstein und Diamanten. Natürliche Stoffe sind die Basis für die Kollektionen von Anna Pyrkosz und Kinga Buszczyńska. Ihre Entwürfe sind feminin mit aufwendigen Details wie großen Kragen oder verspielten Schleifen *(ul. Gdyńska 19–21, Kraków, www.fama.krakow.pl)*.

ARCHITEKTUR

Moderner Baustil

Zeitgenössische Architektur prägt immer mehr das Bild Polens, in klassische Bauten wird die moderne Bauweise oft geschickt integriert. Was von der Planung bis zum Entstehen neuer Gebäude nötig ist, zeigt die *One Project Gallery*, die Teil des Architekturmuseums Wrocław ist *(ul. Bernardynska 5, www.ma.wroc.pl,* Foto*)*. Wie die Umsetzung solcher Projekte aussehen kann, wird bei einem Besuch des *Zlote Tarasy* in Warschau klar: Eine moderne Glaskonstruktion überspannt das Einkaufszentrum *(ul. Złota 59, www.zlotetarasy.pl/galeria)*. Gebäude wie das neu eröffnete *Marine Hotel* in Kołobrzeg setzen mit riesiger Glasfront und futuristischer Raumaufteilung wegweisende Akzente *(ul. Sułkowskiego 9, www.marinehotel.pl)*.

LET THE BEAT GO ON!

Hip-Hop auf Polnisch

Hip-Hop ist in dem Land nicht nur angekommen, Polen hat der Rap-Szene seinen eigenen Stempel aufgedrückt: Die Rapper grenzen sich klar vom amerikanischen Hip-Hop ab und haben ihren eigenen Stil entwickelt. Weg vom Konsum und mehr Respekt den Mitmenschen gegenüber sind Themen, die bei *Molesta Ewenement (www.molesta.pl)* in die Texte einfließen. *Jeden Osiem L* hat mit polnischem Sprechgesang große Popularität in der Heimat erreicht *(www.jedenosieml.com.pl)*. In fast jeder Stadt gibt es große Hip-Hop-Jams, die von *MTV Polska* gefeatured werden. Die aktivste Szene findet man in Warschau, wo im Rapper-Hotspot *Harlem* Rap-Battles ausgetragen werden *(ul. Kolejowa 8/10, www.warsaw-harlem.com)*. Event-Kalender und weitere Infos unter *www.hip-hop.pl*

DER BERG RUFT

Die Kletterszene steigt auf

Indoor-Klettern ist der Megatrend unter den Sportfreaks. Beinahe jede größere Stadt hat sich ihre eigene „Hohe Tatra" geschaffen. Überhänge und Boulder-Strecken gibt's z. B. in der Kletterhalle *On Sight*. An den schwierigsten Routen finden sogar Wettbewerbe statt *(Obozowa 60, Warszawa, www.obozowa.waw.pl*, Foto*)*. Richtige Profis kann man auch in der *Ściana wspinaczkowa Zerwa* beobachten. An den Wänden ziehen sich schon mal Freeclimber ohne Sicherung hoch. Absolut spannend *(ul. Przybyszewskiego 63, Wrocław-Karłowice, www.zerwa.pl)*! In der *Climbing & Adventure Szkoła Wspinania* steht die künstliche Wand unter freiem Himmel, der Kletterlehrer Piotr Górka betreut Anfänger und Fortgeschrittene. Wer möchte, kann sich nach dem Kurs gleich einer Expedition in die Tatra anschließen *(ul. Lipska 61/79, Kraków, www.wspinaczka.ceti.pl)*.

> ZWISCHEN KIRCHE UND COMPUTER

Wissenswertes über ein vielgestaltiges Land und eine Gesellschaft im Umbruch

BERNSTEIN

Von der Hohen Tatra bis zur Ostseeküste wird der hell- bis goldgelbe, klare oder trübe, selten der blaue *bursztyn* verkauft. Das größte Angebot findet man an der Küste, wo er hauptsächlich gefördert, gesammelt und verarbeitet wird. Der Stein, der eigentlich kein Stein ist, entstand vor 40–50 Mio. Jahren aus dem eingetrockneten Harz der Bernsteinkiefer. Die interessantesten Stücke schließen Spuren von Lebewesen ein, die vor zig Millionen Jahren in diesen Wäldern lebten; es sind die so genannten Inklusen aus Tier- oder Pflanzenteilen. Nur jedes fünfhundertste Bernsteinstück beinhaltet solch einen Einschluss.

Die größten Vorkommen polnischen Bernsteins liegen etwa 10 km südwestlich von Ustka in Możdżanowo. Auch an der Verbindungsstelle

STICH WORTE

zur Halbinsel Hela findet sich in 130 m Tiefe Bernstein. Die Vorräte Polens werden insgesamt auf noch 12000 t geschätzt.

Da Polen in der Antike an der Bernsteinstraße lag, war der Börnsteen, der „brennende Stein" (so genannt, weil er bereits bei 350 Grad Celsius entflammt), dort schon immer ein wertvoller Rohstoff. Kaufleute erkannten schnell, dass man mit ihm viel Geld verdienen konnte, und stellten im Mittelalter seine Gewinnung und den Verkauf in Ost- und Westpreußen unter Hoheitsrecht. Das Sammeln und die Veräußerung von Bernstein auf eigene Rechnung konnte danach vom „Bernsteingericht" sogar mit dem Tod bestraft werden. Das Gesetz galt, in abgemilderter Form, noch bis 1945.

Heute ist das Bernsteinsammeln ungefährlich: Man sieht an den Ostseestränden so manche gebückte Gestalt, die hoffnungsvoll nach dem Stein Ausschau hält, dem man heilende und auch magische Kräfte nachsagt.

FAMILIE

Die Familie spielt traditionell eine wichtige Rolle im Leben der Polen. Abgesehen von dem persönlichen Halt, den sie bietet, steht oft eine einfache Notwendigkeit dahinter: Noch heute sind viele Polen aus wirtschaftlichen Gründen gezwungen, mit mehreren Generationen unter einem Dach zu leben. Die (Groß-) Familie war – und ist es zu einem großen Teil immer noch – ein gut durchorganisierter Betrieb, in dem jeder auf jeden angewiesen ist.

Dabei nehmen die Großeltern ihren meist in mehreren Jobs gleichzeitig arbeitenden Kindern den Haushalt und die Betreuung der Enkel ab. Im Gegenzug bietet die Familie ihnen die Unterstützung und Fürsorge, die der Staat nicht leisten kann. Dieses soziale Netz ist auch für diejenigen Familienmitglieder, die arbeitslos geworden sind, lebensnotwendig, denn weder von der Arbeitslosenhilfe noch von der Rente kann man in Polen wirklich überleben.

Mit dem wachsenden Wohlstand und der rasanten Entwicklung des Landes entfallen aber zunehmend einige der Aufgaben, die die Großfamilie erfüllt hat. Besonders rasch ändern sich die überlieferten Familienstrukturen dort, wo junge Menschen aus der Provinz in der Großstadt Zugang zu Bildung gefunden und den sozialen Aufstieg geschafft haben. Der Preis dafür ist hoch – häufig verstehen dann die Eltern ihre Kinder nicht mehr, denen das Internet näher als der Sonntagsgottesdienst geworden ist.

FRAUEN

Der Inbegriff der traditionellen Aufgabe der Frau in der polnischen Gesellschaft ist die „Matka Polka“ (Mutter Polin). Sie trug in der von zahlreichen Kriegen und Aufständen geprägten polnischen Geschichte die Verantwortung für Hof und Betrieb sowie für die Kindererziehung und damit für den Fortbestand der Familie und mittelbar der ganzen Nation. Noch heute hat sie zu Hause „die

Polnische Frauen sind weit davon entfernt, Modepüppchen zu sein

Hosen an", was Männer freimütig zugeben. Ein Großteil der polnischen Frauen lebt noch nach dem konservativen, von der Kirche geförderten Rollenbild, meist mit der Doppelbelastung durch Haushalt und Beruf. Allerdings gibt es inzwischen in vielen jungen Ehen eine gleichberechtigte Arbeitsteilung in der Kindererziehung und im Haushalt.

Der wirtschaftliche Systemwandel traf Frauen besonders hart, denn sie waren die Ersten, die von Entlassungen betroffen waren. Doch viele haben sich mit einer besseren Ausbildung als die der Männer gerüstet, die Flucht nach vorn angetreten und sich selbstständig gemacht. Inzwischen gehört fast jede vierte kleine und mittlere Firma einer Frau. Die polnischen Powerfrauen haben sich auch in großen Firmen durchgekämpft: Jeder dritte Topmanager ist eine Frau – das ist in Europa beispiellos.

Typisches Mitbringsel von der polnischen Ostseeküste: Bernsteinschmuck

KIRCHE

Die Bedeutung der katholischen Kirche, die entscheidend zum Überleben der polnischen Nation als Kultur- und Sprachgemeinschaft beigetragen hat, ist kaum zu überschätzen. Erst nach der Wende zu einer demokratischen Entwicklung nahm ihre überragende politische Bedeutung ab. Trotzdem hat das Gleichnis „Pole gleich Katholik" angesichts von über 90 Prozent bekennender römisch-katholischer Polen nichts von seiner Gültigkeit eingebüßt. Und obwohl viele junge und gebildete Polen die Morallehre der Kirche zunehmend als einen unzeitgemäßen Eingriff in ihr Privatleben empfinden, ist sie nach wie vor – besonders auf dem Land – die Institution, die den Moralkodex bestimmt. Sie bietet den Menschen, die zu den Verlierern der Wende zählen oder sich von den dramatischen gesellschaftlichen Umbrüchen überrollt fühlen, ein geistiges Zuhause. Übervolle Kirchen zeugen nicht nur von einer tiefen Gläubigkeit, sondern auch von dem Bedürfnis nach Halt und Orientierung. Eine besondere Rolle spielen dabei die tiefe Verehrung, die dem verstorbenen Papst Johannes Paul II. entgegengebracht wird, und der beinahe volkstümliche Marienglaube.

NATIONALSTOLZ

Es gehört zur Mentalität der Polen, wie die Rohrspatzen auf das eigene Land, den Staat und vor allem die Politiker zu schimpfen. Doch Vorsicht: Die Menschen sind sehr stolz auf ihre Heimat und reagieren gereizt, wenn Ausländer Kritik üben. Ein Grund dafür ist wohl, dass die Polen immer wieder mit einer gewissen Verbitterung zur Kenntnis nehmen müssen, dass ihre historischen Leistungen vom Rest Europas nicht gebührend gewürdigt werden. So begann der Anfang vom Ende des Kommunismus nicht mit dem Fall der Mauer in Berlin, sondern ein halbes Jahr zuvor mit den ersten halbfreien Wahlen, die sich das polnische Volk am 4. Juni 1989 erkämpft hatte. Und noch ein wichtiger Hinweis: Frédéric Chopin war kein Franzose und Nikolaus Kopernikus kein Deutscher!

TOURISMUS

Polen hat schon längst erkannt, welch großes wirtschaftliches Potenzial im Tourismus steckt. Die stetig ansteigende Zahl ausländischer Touristen (16,3 Mio. im Jahr 2006) spricht für sich. Im polnischen Tourismusministerium verspricht man sich in den kommenden Jahren einen jährlichen Besucherzuwachs von gut 4 Prozent. Die Investitionen in den Tourismus stellen daher eine Investition in einen wachsenden Wirtschaftszweig dar. Dabei legt man besonderen Wert auf eine bessere Anfahrtsinfrastruktur und ein breiteres Kultur-, Sport- und Freizeitangebot.

Schon jetzt bewahren und vermarkten die Polen mit großer Professionalität die Attraktionen ihrer Heimat. Die schönsten und wertvollsten Landstriche werden in 23 Nationalparks von insgesamt 3000 km² geschützt, die historischen Denkmäler wieder aufgebaut.

Die Hotelbranche scheint ihre Hausaufgaben bereits gemacht zu haben. Unterkünfte jeder Art schießen wie Pilze aus dem Boden: moderne Hotels, Hotels in historischen Bürgerhäusern, in restraurierten Schlössern und Palästen, Pensionen, Ferienwohnungen und gut ausgestattete Campingplätze. Insgesamt hat sich die Zahl der Hotels seit 1990 knapp verzehnfacht. Seit der Wende boomt es auch beim Urlaub auf dem Bauernhof: Hier zeigt sich in besonderem Maß, dass der in Polen eingeschlagene Weg des sanften Tourismus richtig ist.

WIRTSCHAFT

Von allen fundamentalen Reformen, die Polen nach 1989 durchgestanden hat, war die Wirtschaftsreform die folgenschwerste und radikalste: Die ehemals privilegierten Gruppen verloren ihre Pfründe, viele Menschen durch Schließungen der unwirtschaftlichen Staatsbetriebe sogar ihre Existenzgrundlage. Einige gut ausgebildete und wirtschaftlich aktive Jüngere oder Menschen mit guten Beziehungen, darunter auch Angehörige der alten kommunistischen Eliten, konnten sich durch Firmengründungen oder Privatisierung erfolgreich neu positionieren.

Der zur Schau gestellte Wohlstand der Neureichen steht im krassen Gegensatz zur Armut der Landstriche mit einer besonders hohen Arbeitslosigkeit. In Polen leben noch 2,3 Mio. Menschen, also 16 Prozent der Beschäftigten, von der Landwirtschaft. Das ist sehr viel mehr als in vergleichbaren westeuropäischen Staaten und ein deutlicher Hinweis auf eine immer noch stark agrarisch strukturierte Gesellschaft. Andererseits gibt es in der Industrie Trends, die in die Zukunft weisen: Polens Exportschlager sind Autos und Autoteile. Mittlerweile arbeiten rund 30 Prozent der Polen in industriellen Berufen. Ein Indiz für die Veränderung der Gesellschaft in Richtung Konsum und Dienstleistung ist auch die Zahl von 54 Prozent der in diesem Sektor Beschäftigten.

Die zu Beginn der Reformen hohe Arbeitslosenquote ist von 19 Prozent in den 1990er-Jahren auf 9 Prozent im Jahr 2007 gesunken. Das demografische Hoch hat der Wirtschaft jedoch einen Überschuss an gut ausgebildeten jungen Menschen beschert, für die es keine Arbeit gab. So haben sich einige Hunderttausend Polen, meist zwischen 18 und 24, in den letzten Jahren auf den Weg ins Ausland gemacht. Inzwischen hat die Emigrationswelle im boomenden Polen einen Fachkräftemangel verursacht. Nicht alle kehren in ihre Heimat zurück. „Bleibt bei uns“ steht auf großen Werbeflächen. Bislang, wie es scheint, vergebens.

Warschau: Im Fitnessclub des Interconti-Hotels badet man mit Blick auf den Kulturpalast

RELIGIÖS, NATIONAL, REGIONAL

Feiern, fest verankert in der Tradition und offen für die Moderne

> Alte Bräuche und Festtage spielen eine große Rolle in der polnischen Gesellschaft. Kirchenfeste sind die wichtigsten Feiertage. Ebenso wichtig sind die nationalen Feiertage, an denen man sich der Geschichte zuwendet. Besonders in den Sommermonaten bieten die Regionen feste Veranstaltungsreihen an. Informationen: *www.polen-info.de*

GESETZLICHE FEIERTAGE

1. Jan. Neujahr Ostermontag, **1. Mai** Tag der Arbeit, **3. Mai** Tag der Verfassung von 1791, **Fronleichnam, 15. Aug.** Mariä Himmelfahrt, **1. Nov.** Allerheiligen, **11. Nov.** Tag der Unabhängigkeit 1918, **25./26. Dez.** Weihnachten

FESTE UND VERANSTALTUNGEN

März/April

Insider Tipp In Kalwaria Zebrzydowska wird in der Karwoche das Leiden Christi aufgeführt. In ganz Polen besuchen Gläubige in den Kirchen das Grab Christi und lassen Speisen segnen.

Um Ostern herum findet in Warschau das *Internationale Beethoven-Festival* statt. *www.beethoven.org.pl*

Aus Sympathie füreinander bespritzen sich Menschen am Ostermontag beim *Śmigus-dyngus* gegenseitig mit Wasser.

April

Internationales *Jazzfestival „Jung und Alt"* in Krakau. *www.jazzkrakow.pl*

Mai

Anfang Mai internationales *Festival der Sakralmusik „Gaude mater"* in Tschenstochau. *www.gaudemater.pl*

Mai/Juni

Fronleichnam: ★ *Prozessionen* in ganz Polen, besonders schön sind jene in Krakau

Lajkonik – Volksspiel in Krakau, erinnert an einen Holzfäller, der einst die Tataren besiegte

Johannisnacht: In der kürzesten Nacht des Jahres werden überall Blumenkränze mit Kerzen ins Wasser gelassen.

>EVENTS
FESTE & MEHR

▶▶ *Malta-Festival:* internationales Straßentheater am Malta-See in Posen. www.malta-festival.pl
▶▶ *Festival der jüdischen Kultur* in Kazimierz, dem ehemals jüdischen Stadtviertel Krakaus. www.jewishfestival.pl
Fischerwallfahrt: Am 29. Juni pilgern Fischerboote von der Halbinsel Hela zu Gottesdienst und Volksfest nach Puck.

Juni–September
Danziger Musiksommer mit Klassik und *Internationales Orgelmusikfestival* in Gdańsk/Oliwa (Juni–August).
In Kamień Pomorski *Kammer- und Orgelmusik* (Ende Juni–September)

Juli
▶▶ *Wikinger-Festival* auf Wollin. Rockfestivals in Węgorzewo *(www.rock.wegorzewo.pl)* und Jarocin *(www.jarocinfestiwal.pl)*

August
Der *Dominikanermarkt* in Gdańsk ist Flohmarkt und Volksfest in einem. *Haltestelle Woodstock* in Kostrzyn ist eines der größten Rockfestivals in Europa. www.haltestelle-woodstock.de

September
Open-Air-Rockfestival in Wejherowo. Der *Warschauer Herbst* ist ein namhaftes Forum zeitgenössischer Musik. http://warszawska-jesien.art.pl

Oktober
Ende des Monats findet in Warschau das älteste und beste Jazzfestival statt: *Jazz Jamboree.* www.polishjazz.com

November
★ *Allerheiligen:* Am 1. November gedenken die Polen ihrer Helden und Toten, Friedhöfe verwandeln sich in ein Lichter- und Blumenmeer.

Dezember
Weihnachtskrippen in Krakau: Jedes Jahr werden die schönsten Weihnachtkrippen ausgestellt und die Gewinner ausgezeichnet.

> BODENSTÄNDIG UND HANDFEST

Die deftige polnische Küche stellt sich erfolgreich der internationalen Konkurrenz

> In den größeren Städten ist die internationale Küche in allen ihren Formen vertreten. Neben exquisiten und teuren Gourmetrestaurants gibt es viele Mittelklasselokale, in denen man ebenso gut wie preiswert essen kann.

Polnische Hausmannskost ist meist noch preiswerter und auch sehr lecker. Sie erkennen sie an dem Schild *obiady domowe*. Hinter der Aufschrift *Bar mleczny* verbirgt sich eine polnische Besonderheit: Dort bekommt man in schlichten Räumen einfache Speisen aus Milch und Mehl, z.B. Milchsuppe, Pfannkuchen und Klöße.

Die traditionelle polnische Küche ist recht bodenständig und handfest. In ihr finden sich die vielfältigen Einflüsse anderer Nationalküchen, vor allem der litauischen, russischen, deutschen und jüdischen wieder. Es gibt in Polen keine großen regionalen Unterschiede, wohl aber regionale Spezialitäten wie z.B. die schlesi-

ESSEN & TRINKEN

sche *kaszanka*, eine grobe Grützwurst, die *pyzy* (Dampfnudeln) aus Großpolen oder die *kiszka ziemniaczana* (Kartoffelwurst) aus Ostpolen. Die Gerichte auf den Speisekarten richten sich stark nach den Jahreszeiten, im Herbst z. B. isst man häufiger Wild und Pilze.

„Von allen Gemüsesorten mag ich am liebsten Kotelett", sagen die Polen scherzhaft, denn sie sind große Fleischesser; Rind, Schwein und Geflügel, auch viel Wurst kommen auf den Tisch. Fisch gibt es in diesem katholischen Land traditionell freitags.

Die Mahlzeiten sind reichlich und deftig. Schon zum Frühstück gibt es Rührei und Würstchen, Käse, Wurst, *biały ser* (schnittfesten Quark), ein paar Tomatenscheiben oder Gurken, dazu Tee oder Kaffee. Bis zum Mittagessen hilft man sich mit einem Stück Hefekuchen *(drożdżówka)* und

Insider Tipp

Tee weiter. Mittags, zwischen 13 und 14 Uhr, wird warm gegessen. Die Mahlzeit besteht meist aus Suppe, Hauptgang und Nachtisch. Als Getränk dazu reicht man *kompot*, meist lauwarmes, verdünntes Kompott aus Erdbeeren oder Kirschen im Glas. Zu Abend isst man in der Regel zwischen 19 und 20 Uhr. Auf den Tisch kommt normalerweise eine ähnliche Speisenauswahl wie beim Frühstück.

Es gibt in Polen noch sehr viele nicht-industrielle Lebensmittel: sauer eingelegte Gurken oder Pilze, eingeweckte Früchte, selbst gemachte Säfte und Schnäpse, mit der Hand geformte

> SPEZIALITÄTEN

Genießen Sie die typisch polnische Küche!

barszcz – Klassiker der polnischen Küche: Suppe aus Roter Bete (Foto)

biała kiełbasa – die mit Majoran abgeschmeckte weiße Wurst wird warm, am besten mit *chrzan* (Meerrettich) gegessen

bigos – der berühmte Eintopf aus Kraut, mehreren Fleischsorten, Wurst und Pilzen wird tagelang geschmort

chłodnik litewski – die „litauische Kaltschale" wird aus Joghurt, Buttermilch und verschiedenem Gemüse mit einem Schuss Rote-Bete-Saft gemacht

Fast Food auf Polnisch – *Zapiekanka:* Baguette, mit Pilzen belegt und mit Käse überbacken; *gofry:* Waffel mit Obst und Schlagsahne; *bób:* gekochte Saubohnen

flaki – dicke, sehr pikante Suppe aus Kutteln

karp po żydowsku – Karpfen auf jüdische Art mit Rosinen und Mandeln

kasza gryczana – Buchweizengrütze, meist als Beilage

kopytka – Kartoffelklöße mit Speckstippe

mazurek – typisches Ostergebäck aus Mürbeteig mit Mandeln, Nüssen, Quark und Rosinen

miód pitny – Honigwein, wird am besten heiß getrunken

mizeria – süß-saurer Gurkensalat mit Sahne und Dill

naleśniki z serem – Pfannkuchen als Hauptspeise mit süßer Füllung aus einer Quarkmischung, mit etwas saurer Sahne begossen

pierogi – Teigtaschen mit süßer (z. B. Früchte) oder deftiger (z. B. Hackfleisch) Füllung

zernina – Suppe aus dem Blut junger Gänse, Enten oder Ferkel mit deren Fleisch, Dörrpflaumen und -birnen sowie Nudeln

Żubrówka – der Wodka mit dem Büffelgras

żurek – Suppe aus einem speziell fermentierten Mehl, mit Wurst und gekochtem Ei, säuerlich-pikant

pierogi (Teigtaschen mit Füllung) oder *uszka*, „Öhrchen“, Mini-Pierogi als Suppeneinlage. Die Wochenmärkte sind kleine Paradiese für Feinschmecker, dort findet sich alles frisch vom Baum, Feld oder aus dem Wald, auch selbst gemachte Butter und Käse, Honig und mehr.

Suppen und Eintöpfe werden in Polen gerne gegessen, und es gibt davon eine große Auswahl. Zu den beliebtesten Suppen gehören *pomidorowa*, Tomatensuppe aus frischen Tomaten mit Nudeln oder Reis, und *rosół*, Hühner- oder Rinderbrühe. Typisch polnisch sind auch *kapuśniak und ogórkowa*, Suppen, die aus Sauerkraut bzw. sauren Gurken gemacht werden. Lecker ist der *krupnik*, eine dicke Suppe aus Graupen und Gemüse. Typisch für polnische Suppen ist, dass sie meistens mit einem Schuss Sahne abgerundet werden.

Auf der Hitliste der Hauptspeisen stehen *sznycel* und *kotlet* ganz oben. Beliebt sind auch *gołąbki*, Kohlrouladen mit einer Füllung aus Hackfleisch und Reis, und *zrazy*, Rinderrouladen. Zu den Klassikern gehören *kaczka z jabłkami*, Ente mit Äpfeln, oder *gęś pieczona*, gebratene Gans. An Wildgerichten kommen häufig *dzik* und *sarnina* (Wildschwein und Reh) auf den Tisch. Fischgerichte bestehen meist aus Süßwasserfischen wie Forelle *(pstrąg)*, Karpfen *(karp)*, Hecht *(szczupak)* oder Schleie *(lin)*. Zu Fisch und Fleisch werden meist Kartoffeln gereicht. Gemüse als Beilage ist nicht so populär, es gibt z.B. *kapusta* (Kohl), *buraczki* (Rote Bete) oder *marchewka* (Möhren). Dafür wird der Hauptgang durch einen Rohkostteller *(surówka)* ergänzt.

Die Polen sind große Teetrinker. Der Tee *(herbata)* wird meist mit Zucker und einer Scheibe Zitrone getrunken. Anstelle des traditionellen Kaffeeaufgusses im Glas haben mittlerweile Espresso und Cappuccino oder schlicht *kawa z ekspresu* Einzug gehalten. Während Wodka eine lange

Strenge Herren schauen einem auf den Teller im „Polnischen Hof“ in Breslau

Tradition hat, ist die Popularität von Bier neu. Polnisches Bier ist wohlschmeckend und billiger als Importbier. Die populärsten einheimischen Sorten sind Okocim, Żywiec, Tychy und das dunkle O’kay. In der Verbrauchergunst steigt Wein; der Weinmarkt ist aber noch unterentwickelt.

MODE, KUNST UND GENUSS

Ein Einkaufsbummel auch mal jenseits der typischen Andenkenläden verspricht eine „fette Beute"

> Die Zeiten der uneingeschränkten Herrschaft kunstvoll bestickter Tischdeckchen, Bernsteinketten und Kristalle über den Souvenirmarkt in Polen sind vorbei. Riesige, moderne Shoppingcenter locken jetzt mancherorts mit Hunderten von Geschäften die Kundschaft. Eine Shoppingtour ist in Polen auch wegen der freien Ladenöffnungszeiten angenehm; es gibt bereits viele Läden, die rund um die Uhr geöffnet haben. Lassen Sie sich aber auf keinen Fall die Märkte mit ihrem besonderen Charme entgehen.

GLAS & PORZELLAN

Sehr schön ist das Design von Glas und Porzellan. Neben den herzerwärmenden Pfauenpünktchen der Bunzlauer Keramik finden Sie Einzelstücke in Galerien und preiswertere interessante Stücke beim Stöbern im Insider Tipp einfachen Haushaltswarengeschäft. Zu Recht gibt es viele Sammler, die das polnische Kristallglas hoch schätzen. Ob klar oder farbig, diese Gläser machen aus einem gedeckten Tisch eine elegante Tafel.

KLEIDUNG & LEDER

Schon auf den ersten Blick springen dem ausländischen Käufer Markennamen ins Auge, die er von zu Hause kennt. Deren Produkte sind in der Regel 10–30 Prozent billiger als in Deutschland. Aber es lohnt sich auch, gezielt nach polnischem Modedesign zu schauen, z.B. nach „Simple". Viele Stücke haben das gewisse Etwas und sind erschwinglich.

Traditionell sind auch Lederwaren preiswert: Handtaschen, Lederjacken, Mäntel und Handschuhe; Schuhe dagegen eher weniger.

KUNST & KUNSTHANDWERK

Bekannt ist Polen für seine Plakatkunst. Schauen Sie sich z.B. in Warschau am Alten Markt die eindrucksvollen Plakate an. Ein Plakat aus Polen an der Wand ist eine schöne Erinnerung an das Land. Leider sind die Zeiten vorbei, da man in Galerien gute Kunst für wenig Geld kaufen konnte – die Preise haben Westniveau. Sollten Sie trotzdem über das

> EINKAUFEN

nötige Kleingeld verfügen, bekommen Sie hier mit Sicherheit Grafiken und andere Kunstwerke, die einen einzigartigen, polnischen Charakter tragen.
Das gilt selbstverständlich auch für die Volkskunst. Wer sich einen schönen handgewebten Wandteppich oder eine ausdrucksstarke Holzfigur kaufen möchte, für den sind die traditionellen Cepelia-Läden immer noch die beste Adresse.
Etwas preiswerter kann man sich der Kunst widmen, indem man sich in aller Ruhe schöne Bildbände ansieht. Obwohl Bücher teuer geworden sind, sind Kunst- und Fotobände immer noch preiswert, die Ausgaben meist in einer sehr anspruchsvollen Qualität.
Und dann sind da noch die Gartenzwerge. Das deutsche Monopol auf diese Spezies ist für immer gebrochen. Zu Hunderten stehen diese Kerlchen beiderseits der internationalen Straßen und finden regen Zuspruch bei den Touristen: Die halten auf dem Heimweg gerne mal für so ein Zipfelmützengeschöpf oder eine andere Figur für den heimischen Garten.

LEBENSMITTEL

Der polnische Wodka ist wärmstens zu empfehlen. Das hochprozentige Nationalgetränk gibt es in Dutzenden von Sorten. Die Flaschen haben allesamt ein schönes Design, und der Inhalt kommt beinahe jedem erdenklichen Geschmack entgegen: Da gibt es süße Sorten wie z.B. Preiselbeerwodka, Klare wie „Żytnia" oder „Wyborowa" oder den „Żubrówka" mit dem Büffelgras.
Wenn sich Ihr Aufenthalt in Polen dem Ende zuneigt, dann gehen Sie doch mal über einen Markt: Kaufen Sie sich einen Korb Pilze oder Beeren, ein Glas marinierte Pilze, eine aromatische Wurst oder einen Kranz getrockneter Pilze für die Soße. Nehmen Sie so ein bisschen vom Geschmack Polens mit nach Hause.

SCHMUCK

Berühmt ist das exquisite Silberschmuck-Design. Gewagte Formen und eine schöne Verarbeitung: mal Silber pur, mal mit Steinen, auch – ganz modern – mit Bernstein.

> SCHÖNE STRÄNDE, ÜPPIGE WÄLDER, KLARE SEEN

Polens Norden mit seinen Naturparadiesen setzt auf sanften Tourismus

> Die noch weitgehend intakte Natur mit ihren abwechslungsreichen Landschaftsformen und die Großstädte mit ihrem breiten Freizeit- und Kulturangebot machen den Norden Polens zur beliebtesten Urlaubsregion des Landes.

Polens Ostseeküste zieht sich über 524 km von Świnoujście (Swinemünde) auf Usedom bis zur Frischen Nehrung hin, deren nordöstlicher Teil in der russischen Exklave Kaliningrad liegt. Der Strand hat viele Gesichter: schneeweiße, breite Sandstreifen, von Kiefernwäldern und Dünen gesäumt, steile, bis zu 100 m hohe Kliffe, Wanderdünen, Strandseen, Salzwiesen und Haffe. Gleich hinter der Küste beginnt die sanfte Moränenlandschaft Westpommerns, dann liegen weiter östlich die Kaschubische Schweiz, das Ermland und Masuren mit seinen unzähligen Seen. Legendär ist die von Wasser und Wald geprägte Landschaft, die Vielfalt der in West-

Bild: Wanderdüne im Słowiński-Nationalpark

OSTSEEKÜSTE UND MASUREN

europa längst rar gewordenen Pflanzen- und Tierwelt, die Ruhe und Beschaulichkeit der kleinen Orte. Aber die Zeiten, in denen man kilometerweit wandern konnte, ohne einer Menschenseele zu begegnen, sind vorbei. Selbst in vielen Dörfern leben die Menschen vom sanften Tourismus. Kleine, liebevoll eingerichtete Pensionen mit Bötchen, Angelzeug und Reitpferd laden ebenso ein wie die agrotouristischen Höfe, wo Sie eine landestypische Küche mit Produkten frisch vom Feld oder aus dem See probieren können. Gastfreundlich geht es auch in den größeren Orten und Städten der Küste zu. Da aber herrscht ein anderer Geist vor: im Sommer überlaufene, moderne Kur- und Seebäder, quirliges Strand- und Stadtleben und eine professionelle Vermarktung von Sehenswürdigkeiten. Besucher können in Polens Norden auch eine Vielfalt wieder aufgebauter und sorgfältig restaurierter Kulturdenkmäler besichtigen: die einzigartige, typische Backsteingotik, die von der Zugehörigkeit der alten Küstenstädte zur Hanse zeugt, die historischen Bauten des Deutschen Ordens und viele der ehemaligen deutschen Landsitze und Schlösser in Masuren. Viel Wissenswertes finden Sie in den MARCO POLO Bänden „Masurische Seen“ und „Polnische Ostseeküste“.

GDAŃSK (DANZIG)

[129 F2] **Gdańsk (420 000 Ew.) ist die Königin der polnischen Ostseestädte und eindeutig die schönste der drei ungleichen Schwesternstädte Gdańsk, Gdynia (Gdingen) und Sopot, auch Dreistadt (Trójmiasto) genannt.** Seit Jahrhunderten zieht die Stadt mit ihrer gastfreundlichen Art und ihrer unverwechselbaren, ganz eigenen Identität Besucher in ihren Bann. Ihren Stolz und ihr unerschütterliches Selbstbewusstsein bewiesen die Danziger auch, als die Stadt nach dem Zweiten Weltkrieg zu 90 Prozent in Schutt und Asche lag. Minutiös wurden historische Bauten und Straßenzüge rekonstruiert, die von jahrhundertealtem hanseatischem Wohlstand der Vielvölkerstadt Zeugnis ablegen. Hier stehen himmelstrebende Backsteingotik, klarer Renaissancestil, holländischer Manierismus und überquellendes Rokoko eindrucksvoll nebeneinander.

Dazwischen Bernstein ohne Ende. Kleine Lädchen und Stände fliegender Händler neben exquisiten Juwelierläden: Danzig ist und bleibt das Zentrum der Bernsteinverarbeitung. Doch auch sonst ist die Stadt sehr lebendig, ihre Straßen voller Menschen; das internationale Sprachgewirr vermischt sich mit der Straßenmusik, in gemütlichen Kneipen und Bars brummt das Geschäft. Große und kleine kulturelle Veranstaltungen reihen sich das ganze Jahr über dicht aneinander.

Im Rathaus: die Decke des Roten Saals

SEHENSWERTES

„DROGI DO WOLNOŚCI“ („WEGE IN DIE FREIHEIT“)

Eine Multimedia-Ausstellung über den Freiheitskampf gegen die Kommunisten 1956–80. Viel Wissenswertes und Anschauliches auch aus dem „real existierenden Sozialismus“. Deutsche Sprachführer. *Mai–Sept. Di–So 10–17, Okt.–April 10–17 Uhr | Budynek Solidarności | ul. Wały Piastowskie 24 | www.fcs.org.pl*

DŁUGI TARG (LANGER MARKT) ★

Der *Lange Markt* bildet das Herzstück des Rechtstadt-Viertels. Er ist ist Teil des sogenannten Königswe-

SEEKÜSTE UND MASUREN

Danzigs Rathaus am Langen Markt, im Vordergrund der Neptunbrunnen

ges, der von der *Brama Wyżynna (Hohes Tor)* über die *ul. Długa (Lange Gasse)* und den Długi Targ bis an die Mottlau führt. Hier stehen die berühmtesten historischen Gebäude Danzigs dicht beieinander. Fesselnd: das originalgetreu restaurierte Innere des *Rathauses*, in dem heute das *Museum der Stadtgeschichte (Muzeum Historyczne Miasta Gdańska | Di 10–15, Mi–Sa 10–16, So 11 bis 16 Uhr | ul. Długa 47 | www.mhmg.gda.pl)* untergebracht ist. Ein Höhepunkt ist auch der mit Samt ausgekleidete Rote Saal mit prunkvollen Deckengemälden. Der Aufstieg zur Aussichtsplattform auf dem Turm lohnt sich ganz sicher.

Neben dem Rathaus befindet sich der *Artushof (Dwór Artusa | Öffnungszeiten wie Museum),* einst Versammlungsort Danziger Kaufleute. Beeindruckend ist hier der Große Saal, dessen 450 m² von einem Ster-

MARCO POLO HIGHLIGHTS

★ Długi Targ (Langer Markt)
Nach historischem Vorbild wieder aufgebaute prachtvolle Architektur in Danzig (Seite 32)

★ Malbork (Marienburg)
Größte mittelalterliche Backsteinburg und Unesco-Weltkulturerbe (Seite 37)

★ Słowiński-Nationalpark
Herrliche Dünenlandschaft in einem der Weltbiosphärenreservate (Seite 38)

★ Kanał Elbląsko-Ostródzki (Oberländischer Kanal)
Wunder der Technik und einmaliges Erlebnis für Naturfreunde (Seite 40)

★ Wilczy Szaniec (Wolfsschanze)
Bunkerruinen an einem Ort des Widerstands gegen Hitler (Seite 42)

★ Wolliner Nationalpark
Grandios: hohe Kreidefelsen, uralte Buchenwälder und Eiszeit-Seen (Seite 45)

nengewölbe überspannt werden. Vor dem Artushof steht der *Neptunbrunnen*, dem Meeresgott und Schutzpatron der Stadt gewidmet. Am Ende des Langen Marktes, an der linken Seite des *Grünen Tores (Zielona Brama)*, sehen Sie eine Insider Tipp kleine Tafel mit dem Hinweis auf das Büro des ehemaligen Arbeiterführers Lech Wałęsa.

KOŚCIÓŁ MARIACKI (MARIENKIRCHE)
Vom Frauentor führt die berühmte *Frauengasse* zur größten Backsteinkathedrale der Welt. Die dreischiffige Hallenkirche mit den Maßen 105 × 68 m bietet Platz für 25000 Menschen. Außer der beeindruckenden Architektur sind im Innern nicht viele Schätze erhalten. Unbedingt sollten Sie sich die *Astronomische Uhr* von 1470 mit Kalendarium und Himmelsscheibe ansehen. Schlag Mittag setzen sich die Figuren des Uhrwerks in Bewegung. Schaffen Sie den Aufstieg auf den Turm (78 m), wird Ihnen die Stadt zu Füßen liegen.

Ausflugsschiffe in Danzigs Hafen: hinten das Krantor

KOŚCIÓŁ ŚW. BRYGIDY (BRIGITTENKIRCHE)
Die Kirche ist in den 80er-Jahren als Zufluchtsort und „Büro" der Solidarność berühmt geworden. Im unspektakulären Gebäude ein spektakulärer Altar: ein 12 m hoher Bernsteinaltar in Form einer Lilie. *ul. Profesorska 2*

MOTŁAWA (MOTTLAU)
Hinter dem Grünen Tor, am Ufer der Motława, legen die Ausflugsschiffe in die Nachbarstädte Sopot (Zoppot) und Gdynia (Gdingen) sowie auf die Halbinsel Hel und nach Westerplatte ab. Weiter nördlich steht das *Krantor*. Dort sehen Sie die gewaltigen Treträder, in denen Hafenarbeiter und Sträflinge Lasten von bis zu 4t auf die Höhe von 11 m hievten. Heute residiert hier das *Meeresmuseum*. Ein Teil desselben befindet sich auf der gegenüberliegenden *Wyspa Ołowiana (Bleihofinsel)*, zu der man vom Krantor kostenlos mit der Fähre übersetzen kann. *Di–So 10–18 Uhr | Muzeum Morskie | ul. Ołowianka 9–13 | www.cmm.pl*

MUZEUM NARODOWE (NATIONALMUSEUM)
Eine der wertvollsten Kunstsammlungen Polens mit Hans Memlings Triptychon „Das jüngste Gericht" (1472). *Di 10–15, Mi–Sa 10–16, So 11–16 Uhr | ul. Toruńska 1 | www.muzeum.narodowe.gda.pl*

OSKAR
Insider Tipp
Setzen Sie sich am *Józef-Wybicki-Platz* in *Wrzeszcz (Langfuhr)* auf die

Bank, auf der der bronzene Oskar Matzerath sitzt und auf einige Schauplätze der „Blechtrommel" schaut. Unweit davon, neben dem Eingang der Mietskaserne *(ul. Lelewela 13)*, erinnert eine Tafel an Günter Grass, der dort mal gewohnt hat.

das berühmte „Danziger Goldwasser". *Długie Pobrzeże 22 | Tel. 058 301 88 78 | www.goldwasser.pl* | €€

RESTAURACJA TARG RYBNY
Ein sehr gutes und gemütliches Fischrestaurant am Fischmarkt. *ul. Targ*

Immer noch viel Arbeit liegt vor den Restauratoren der Marienkirche

Rybny 6c | Tel. 05 83 20 90 11 | www.targrybny.pl | €€–€€€

ULICA DŁUGA (LANGE GASSE)
Zwischen dem Hohen Tor und dem Langen Markt, auf dem Königsweg, steht ein prächtiges Kaufmannshaus neben dem anderen. In einem der schönsten von ihnen, dem *Uphagen-Haus*, ist ein Museum eingerichtet, das das Leben in Danzig zur Zeit des Rokoko zeigt *(Di 10–15, Mi–Sa 10 bis 16, So 11–16 Uhr| ul. Długa 12)*.

ESSEN & TRINKEN

GOLDWASSER
Bezaubernd neben dem Krantor an der Mottlau gelegen; gutes Essen und

EINKAUFEN

CIUCIU Insider Tipp
Paradies für Schleckermäuler. In dem von einem Deutschen geführten Geschäft werden Bonbons vor der Augen der Besucher von Hand hergestellt. *ul. Długa 64/65 | www.ciuciu.pl*

DOM HANDLOWY WIELKI MŁYN
Einkaufen mal anders: Einkaufszentrum in einer 1350 von Kreuzrittern erbauten Mühle. *Wielkie Młyny 16*

UL. MARIACKA
Wer Bernstein und anderen Schmuck kaufen möchte, sollte durch diese kleine Straße schlendern. Unzählige Geschäfte bieten ihre Geschmeide auch an Ständen auf der Straße an.

ÜBERNACHTEN

ANGELA
Kleines, gutes Haus am Rande des Zentrums. *19 Zi. | ul. Beethovena 12 | Tel. 05 83 02 23 15 | www.villaangela.pl* | €–€€

DOM MUZYKA
Hotel in zentraler Lage auf dem Gelände der Musikakademie. *87 Zi. | ul. Łąkowa 12 | Tel. 05 83 26 06 00 | www.dommuzyka.pl* | €€

DWÓR OLIWSKI
Nobles Hotel, zwischen Danzig und Oliwa in alten, schön restaurierten Gebäuden gelegen. *40 Zi. | ul. Bytowska 4 | Tel. 05 85 54 70 00 | www.dwor-oliwski.com.pl* | €€€

VILLA EVA
Stilvolles, kleines Hotel am Waldrand, wo auch Nobelpreisträger Günter Grass gerne absteigt. *14 Zi. | ul. Batorego 28 | Tel. 05 83 41 67 85 | www.villaeva.pl* | €€–€€€

AM ABEND

Das *Café Absinthe* ist ein angesagter absinthgrüner Laden mit buntem, jungem Publikum, abends schräger Musik und Tanz *(tgl. 10–4 Uhr | ul. Św. Ducha 2 | Teatr Wybrzeze | www.cafeabsinthe.pl)*. Für Ü30-er eine Bar im Tankstellen-Stil: *Stacja de Luxe (tgl. 9–24 Uhr | al. Grunwaldzka 22 | www.stacjadeluxe.pl)*. Die polnischen Musikstars treffen Sie im größten Club Danzigs: *Parlament Wolnego Miasta (ul. Św. Ducha 2 | www.parlament.com.pl/klub/)*. Wer sich mit Klassik wohler fühlt, dem sei die renommierte Philharmonie empfohlen: *Polska Filharmonia Baltycka | ul. Ołowianka 1 | Tel. 058 3 05 20 40 | www.filharmonia.gda.pl*

AUSKUNFT

GDAŃSKA ORGANIZACJA TURYSTYCZNA
ul. Heweliusza 29 | Tel. 05 83 01 43 55 | www.got.gdansk.pl. Und *Tourismusverband PTTK | ul. Długa 45 | Tel. 05 83 01 60 96 | www.pttk-gdansk.pl*

Blick vom Glockenturm auf Frauenburgs Kathedrale und die Ostsee

ZIELE IN DER UMGEBUNG

FROMBORK (FRAUENBURG) [130 B2]

Hier machte Nikolaus Kopernikus die Entdeckung, die das Weltbild der Menschheit revolutionierte, hier wurde er auch zur letzten Ruhe gebettet. Das Ensemble auf dem Domberg von Frombork (3000 Ew., 95 km östlich von Gdańsk) besitzt Weltrang. Zu den bedeutendsten Bauwerken gehört der gotische *Dom* selbst mit seinem wunderschönen barocken Inneren, darunter auch die Orgel, die man jeden Sonntag hören kann. In der *Bischofsburg* aus dem 14. Jh. ist das *Kopernikus-Museum* beheimatet *(Muzeum Mikołaja Kopernika | Mai bis Sept. 9.30–16.30, Okt.–April 9 bis 15.30 Uhr | ul. Katedralna 8 | www.frombork.art.pl)*. Übernachten Sie im *Hotel Kopernik (37 Zi. | ul. Kościelna 2 | Tel. 05 52 43 72 85 | www.hotelkopernik.pl | €)*.

KADYNY (CADINIEN) [130 B2]

80 km östlich von Gdansk liegt am Weichselhaff der Ferienort Kadyny mit Landschloss und staatlichem Gestüt. Mit seinen 170 Rassepferden zählt es zu den besten Polens *(Country Club Kadyny | 33 Zi. Tolkmicko | Tel. 05 52 31 61 20 | www.kadyny.com.pl | €€)*. Die über tausendjährige Eiche mit einem Stammumfang von 10 m erinnert sich noch an die Gründung des Ortes durch Franziskanermönche im 13. Jh.

MALBORK (MARIENBURG) ★ [130 A2]

Rund 60 km südöstlich von Gdańsk überragt die größte mittelalterliche Burganlage Europas das Ufer der Nogat. Die mächtigste Burg des Deutschen Ordens galt vormals als uneinnehmbar. Sie brauchen einige Stunden, um die imposante Anlage mit ihren Schätzen zu besichtigen *(tgl. 8–20 Uhr | www.malbork.pl)*. Am schönsten ist eine 45-minütige Nachtvorführung zur Burggeschichte *(Son-et-lumière, Światło i dźwięk | Mai–Sept. 21.30 Uhr | 15 Zł.)*. Gut übernachten können Sie im *Schlosshotel Zamek (42 Zi. | ul. Starościńska 14 | Tel. 05 52 72 84 88 | Fax 05 52 72 33 67 | €€)*.

Insider Tipp

POJEZIERZE KASZUBSKIE (KASCHUBISCHE SEENPLATTE) [129 E2–3]

Die als Kaschubische Schweiz bekannte Region liegt südwestlich von Gdańsk. Dort leben heute noch ca. 200 000 Kaschuben, Angehörige eines slawischen Stammes. Sie haben sich ihre Identität und Sprache gegen alle politischen Vereinnahmungsversuche bewahrt. Genaueres erfährt man im *Kaschubischen Ethnografischen Park* in *Wdzydze Kiszewskie (Kaszubski Park Etnograficzny | www.muzeum-wdzydze.gda.pl)*. Im nahe gelegenen Dorf *Wiele* können Sie kaschubische Stickereien bewundern, in *Chmielno* gibt es Keramik.

Über viel Platz fürs Sonnenbad verfügt die Mole von Zoppot

Übernachten Sie im wiederhergestellten *Schloss Krockow (Zamek Krokowa | 37 Zi. | ul. Zamkowa 1 | Tel. 05 87 74 21 11 | www.zamekkrokowa.pl | €–€€)*.

SŁOWIŃSKI-NATIONALPARK ★ [129 D–E1]
Ca. 115 km nordwestlich von Danzig liegt an der Ostseeküste dieser Nationalpark, der auf der Unesco-Liste der Weltbiosphärenreservate steht. Seine größte Attraktion sind die Wanderdünen. Lohnende Aussichtspunkte sind der Leuchtturm in *Czołpino* und der Turm auf dem 115 m hohen Berg *Rowokół*. Im Dorf *Kluki* befindet sich das *Freilichtmuseum Słowiński Park Narodowy (Smołdzino | ul. Bohaterów Warszawy 1 | www.slowinskipn.pl)*.

SOPOT (ZOPPOT) [129 F2]
Zoppot, etwa 20 km westlich von Danzig, ist auf dem besten Weg, den vergangenen Glanz eines mondänen Kurortes zurückzuerobern. Das *Grand Hotel* am Strand in der Nähe der Mole besitzt noch viel vom alten, eleganten Flair. Das hauseigene Restaurant *Art Deco* bietet nicht nur polnische Küche auf hohem Niveau, sondern auch einen phantastischen Blick aufs Meer *(Ul. Powstańców Warszawy 12/14 | Tel. 05 85 20 60 00 | www.orbis.pl/de/sopot/hotels/sofitel_grand_sopot | €€–€€€)*. Die *Mole* ist mit 516 m die längste hölzerne Seebrücke in Europa *(tgl. 8–22 Uhr)*. Auf der Kurbühne wird neben dem Jazzfestival Ende Juli häufig klassische Musik geboten. Von der Mole gelangt man über die *Promenade (Bohaterów Monte Casino)* in die Stadt. Diese Fußgängerzone mit vielen Galerien und Cafés ist meist ziemlich überlaufen. Biegen Sie in die *ul. Czyżewskiego* ab, und Sie finden unter Nr. 12 ein Kleinod: *Dworek Sierakowski*, ein reizendes kleines Adelshaus mit jeder Menge Kunst und einem bezaubernden Café mit Garten *(jeden Do Klassikkonzerte | Eintritt frei | www.dworek.art.pl)*.

Insi
Tip

OLSZTYN (ALLENSTEIN)

[130 C3] **Die Hauptstadt (170 000 Ew.) der Woiwodschaft Warmia i Mazury (Ermland und Masuren) ist auch deren kulturelles und wirtschaftliches Zentrum. Sie wurde erstmals 1348 urkundlich erwähnt und ist heute eine lebendige Großstadt.** Die historischen Bezeichnungen für die beiden Regionen haben bis heute überdauert. Mit Masuren (Mazury) ist das ehemals südliche Ostpreußen mit Mrągowo (Sensburg) und Giżycko (Lötzen) gemeint. Die protestantischen Bewohner sprachen deutsch und „masurisch" – einen polnischen Dialekt. Das Ermland (Warmia) mit Olsztyn liegt weiter westlich. Seine Bewohner waren meist katholisch.

SEHENSWERTES

ALTSTADT

Südwestlich des *Hohen Tores (Wysoka Brama)*, das zur alten Stadtmauer gehört, beginnt die Altstadt. Auf dem mittelalterlichen Marktplatz stehen das wieder aufgebaute *Alte Rathaus* (17. Jh.) und restaurierte barocke Laubenhäuser. In einer Seitenstraße (ul. Staszica) befindet sich die *Jacobikirche (Kościół św. Jakuba)*, ein wichtiges Werk der Backsteingotik.

ORDENSBURG

Die mächtige Anlage wurde 1350 bis 1580 erbaut. Als Kanoniker des ermländischen Domkapitels verteidigte der Astronom Nikolaus Kopernikus 1521 die Stadt gegen die Ritter des Deutschen Ordens. *Di–So 9–16 Uhr | ul. Zamkowa 2*

ESSEN & TRINKEN

PRZYSTAŃ

Auf einem Holzsteg in einem See spektakulär gelegen. Große Karte mit internationaler Küche. *ul. Żeglarska 3 | Tel. 08 95 23 01 81* | €€

RÓŻANA CAFÉ

Ausgefallene altpolnische Spezialitäten im Zentrum. *ul. Targ Rybny 14 | Tel. 08 95 23 50 39* | €

WESOŁY CZAJNIK

Im „Lustigen Teekessel" werden Dutzende von Teesorten im Salon, auf der Terrasse oder im Garten serviert. *ul. Żołnierska 11 | Tel. 08 95 27 28 27* | €

ÜBERNACHTEN

HOTEL PARK

Komfortables Hotel am Stadtrand direkt an der Straße nach Warschau, *100 Zi. | ul. Warszawska 119 | Tel. 08 95 24 06 04 | www.beph.pl* | €€

POLSKO-NIEMIECKIE CENTRUM MŁODZIEŻY

Das polnisch-deutsche Jugendzentrum ist in einem historischen Ge-

>LOW BUDGET

- Städtische Wanderroute: Folgen Sie der rot gestrichelten Linie auf den Gehwegen und lassen Sie sich über 7 km zu den Sehenswürdigkeiten Stettins führen. Routenplan bei der Touristinformation.
- Für ca. 13 Zł. übernachten Sie in Danzig im *Hostel przy Targu Rybnym (Hostel am Fischmarkt | ul. Grodzka 21 | Tel. 05 83 01 56 27 | www.gdanskhostel.com.pl)*. Im *Bistro Polski* gegenüber vom Hauptbahnhof *(ul. Podwale Grodzkie 8)* gibt es einfache polnische Küche: Suppe und Hauptgang 18 Zł., Frühstück 8 Zł.
- Preiswert (Erwachsene ab 19 Zł.) können Sie in Allensteins *Jugendherberge* übernachten *(Schronisko Młodzieżowe | ul. Kościuszki 72/74 | Tel. 08 95 27 66 50 | www.ptsm.pl/olsztyn/)*. 15–20 Zł. kostet ein Gericht in der *Staromiejski-Bar* in Olsztyns Altstadt *(Stare Miasto 4/6)*.

bäude unweit der Altstadt untergebracht. *20 Zi. | ul. Okopowa 25 | Tel. 08 95 34 07 80 | Fax 08 95 27 96 33 | €*

WYSOKA BRAMA

Einfach, aber stilvoll gelegen im Hohen Tor, dem schönsten Teil der ehemaligen mittelalterlichen Befestigungen. *17 Zi. | ul. Staromiejska 1 | Tel. 08 95 27 36 75 | www.wasokabrama.emeteor.pl | €*

AUSKUNFT

INFORMACJA TURYSTYCZNA

ul. Staromiejska 1 | Tel. 089 5 35 35 66 | www.warmia-mazury-rot.pl

Fünf solcher „Rutschen" über Land besitzt der Oberländische Kanal

ZIELE IN DER UMGEBUNG

GALINDIA [131 D3]

Vergessen Sie Ruhe und Beschaulichkeit. Hier werden Sie am Marterpfahl gefoltert oder von Hexen gequält. Auf Wunsch natürlich. Mit viel Phantasie hat Cezary Kubacki, ein Psychotherapeut aus Warschau, dieses besondere Freizeitzentrum geschaffen. Mit Hotel und gutem Restaurant. *64 Zi. Iznota bei Ukta, 75 km östl. von Olsztyn (10 km südl. von Mikołajki) | Tel. 08 74 32 14 16 | www.galindia.com.pl | €–€€*

KADZIDŁOWO (EINSIEDELN) [130 C3]

Ca. 75 km östlich von Olsztyn (13 km südlich von Mikołajki) befindet sich auf einem ca. 40 ha großen Gelände ein Wildpark, in dem Sie eine Vorstellung vom Wildvorkommen in der Region bekommen. Ein großer Teil der Tiere kann gestreichelt und gefüttert werden *(Park Dzikich Zwierząt | tgl. 9.30 Uhr bis Sonnenuntergang | Eintritt 15 Zł.)*. Essen können Sie im originellen Gasthaus *Oberża Pod Psem (€)* am Tierpark.

KANAŁ ELBLĄSKO-OSTRÓDZKI (OBERLÄNDISCHER KANAL) ★ [130 B2–3]

Sind Sie schon mal mit einem Schiff über Land gefahren? Hier geht das. Der Kanal aus dem 19. Jh. verbindet mehrere Seen und überwindet 99 m Höhenunterschied mit Schleusen und fünf geneigten Ebenen. Dort werden die Schiffe auf einen Schienenwagen verladen und mittels eines Aufzugs zum nächsten Gewässer befördert. Interessant und schön ist die elfstündige, 82 km lange Fahrt von Elbląg (Elbing) nach Ostróda (Osterode) durch eine phantastische Natur. Man

SEEKÜSTE UND MASUREN

Die Seen Masurens sind sicherlich eines der schönsten Angelreviere Europas

kann aber auch schon in Małdyty nach 37 km die Fahrt beenden. *Abfahrt Ostróda oder Elbląg 8 Uhr | 30–80 Zł. | Żegluga Ostródzko-Elbląska | Ostróda | ul. Mickiewicza 9a | Tel. 08 96 46 38 71 | www.zegluga.com.pl | www.um.ostroda.pl*

KRUTYNIA (KRUTINNA) [130 C3]

Die Kajakroute auf dem Krutynia-Fluss gehört zu den schönsten in Polen. Die 91 km lange Strecke führt durch mehrere Naturreservate. Man kann sich Kajaks und Kanus auch tageweise in Ukta und Krutyń leihen *(Verband der Bootsfremdenführer auf der Krutynia „Pelikan" | Krutyń 4 | Tel. 08 97 42 14 30Fax 08 97 42 14 30 | www.krutynia.com.pl).*

2 km von Krutyń entfernt finden Sie in *Gałkowo* einen historischen Gasthof mit Pension. Im 1. Stock befindet sich seit Juli 2007 der „Salon Marion Dönhoff", wo anhand von Büchern, Ton- und Bilddokumenten der großen Publizistin gedacht wird, die als Kind hier in der Nähe zur Schule ging. *Gałkowo 46 | Tel. 08 74 25 70 73 | www.galkowo.pl*

ŁAŃSK (STABIGOTTEN) [130 C3] Insider Tipp

20 km südlich von Olsztyn – links in Richtung Stawiguda abbiegen – erstreckt sich ein einmaliges Wald- und Seengebiet. Ihrer Abgeschiedenheit als geschlossenes Terrain für Parteifunktionäre des ehemaligen Volkspolens verdankt die Gegend eine urwüchsige Natur, durchzogen von Asphaltwegen. Übernachtung im *Ferienhotel Cyranka (14 Zi. | Tel. 089 5 12 12 43 | www.cyranka.info.pl | €).*

MIKOŁAJKI (NIKOLAJKEN) [131 D3]

88 km östlich von Olsztyn hat sich das Fischerdorf (3800 Ew.) zum Fremdenverkehrsort mit Hafen für Segelboote und die Weiße Flotte, die auf den Masurischen Seen Ausflügler transportiert, entwickelt. Die *Masurische Seenplatte* ist eine einzigartige Landschaft mit 3000 größeren und ungezählten kleineren Seen. Große Teile davon sind Naturschutzgebiete mit seltenen Pflanzen, Wasservögeln und anderen Tieren. Ein Paradies für Naturfreunde, Wanderer und Wassersportler und ein Refugium für viele bedrohte Arten.

Sicher vor Schlechtwetter sind Sie im *Hotel Gołębiewski*, wo u.a. Golf, Kutschfahrten, ein Erlebnisbad, eine Eislaufbahn, Spielsalons und Kegelbahnen geboten werden *(652 Zi. | ul. Mrągowska 34 | Tel. 087 4 29 07 01 | Fax 08 74 29 07 44 | www.golebiewski.pl | €€€)*.

ŚWIĘTA LIPKA (HEILIGELINDE) [130 C3]
80 km nordöstlich von Olsztyn ragen die prachtvollen Doppeltürme der barocken Wallfahrtskirche (17. Jh.) in den Himmel. Schöne Laubengänge und eine barocke Orgel mit beweglichen Figuren. *Kurze Orgelkonzerte Mai–Sept. stdl. 9.30–17.30 Uhr, Okt. bis April 10, 12, 14 Uhr*

WILCZY SZANIEC (WOLFSSCHANZE) ★ [131 D2]
100 km nordöstlich von Olsztyn liegt bei Gierłoż (Görlitz) das 1940 erbaute Hauptquartier Hitlers. Heute sind noch Mauerreste der 6 m dicken Bunkerwände zu sehen, darunter die sogenannte Lagerbaracke, in der Graf Stauffenberg am 20. Juli 1944 das missglückte Attentat auf den Diktator verübte. *Wilcze Gniazdo | Gierłoż | tgl. 8 Uhr bis Dämmerung | www.wolfsschanze.home.pl*

SZCZECIN (STETTIN)

[128 B4] **Nur 140 km von Berlin entfernt und mit der neuen Ostseeautobahn bequem erreichbar, liegt am Oderdelta die Hauptstadt Westpommerns. Für alle, die von Norden nach Polen reisen, ist Szczecin (416000 Ew.) meist die erste Begegnung mit Polen.** Die Grenzlage ist es auch, die den Aufschwung antreibt: In Szczecin befinden sich der Sitz der

> BLOGS & PODCASTS

Gute Tagebücher und Files im Internet

- *www.polen-netzwerk.de* – Interessantes Forum von Polenexperten
- *www.polish-online.com/wordpress/* – Eine Übersetzerin informiert über politische und gesellschaftliche Entwicklungen – mit witzigen und informativen Blog-Beiträgen.
- *www.ogrom.org* – Fototagebuch mit Aufnahmen aus dem Alltag der Menschen vor allem aus Warschau, die ständig ergänzt werden. Hilfreich: Links zu verschiedenen Infoseiten.
- *www.schoenes-polen.de/planung/reisebericht/ostsee.html* bzw. */masuren.html* – Polenfans schreiben über schöne Ecken an der Ostseeküste bzw. in Masuren
- *www.stadtfuehrung-krakau.de/mediathek-modem-audios.php* – Krakau in Ton und Bild
- *www.polskieradio.pl/podcasting/radio/zagranica.aspx* – Ein Angebot des polnischen Radios, das auch auf Deutsch über das Geschehen in Polen informiert.
- *http://pol-blog.blogspot.com/* – Blog zu allen Themen, die Polen betreffen. Professionell gemacht.

Für den Inhalt der Blogs & Podcasts übernimmt die MARCO POLO Redaktion keine Verantwortung.

Euroregion „Pomerania“ und das Hauptquartier des Multinationalen Corps Nordost der NATO. Noch vor wenigen Jahren bot die viertgrößte Werft der Welt Tausenden Arbeit. Die großen Aufträge gehen inzwischen an die billigere asiatische Konkurrenz, und Stettin kämpft mit einem Heer von arbeitslosen Werftarbeitern. Seit dem Umbruch verändert sich das Stadtbild rasant. Plattenbauten, sozialistische Bausünden und vereinzelte Baudenkmäler wachsen durch Restaurierung und Rekonstruktion ganzer Straßenzüge zu einem einheitlichen Stadtbild zusammen. Diese Zeitzeugen erinnern an die wechselvolle Geschichte der Stadt: In der Vergangenheit befand sich Stettin in dänischer, deutscher, schwedischer und preußischer Hand, während der Napoleonischen Kriege diente die Stadt als französische Festung.

SEHENSWERTES

KOŚCIÓŁ ŚW. JAKUBA (JAKOBIKIRCHE)

200 Jahre dauerte der Bau der größten Kirche Pommerns, in der 10000 Menschen Platz haben. Vor dem Dom hängt an einem Metallgestell die 6 t schwere, 1682 gegossene Glocke. Sie wurde, nachdem sie 200 Jahre als verschollen galt, in einer Mauer des Doms bei Restaurierungsarbeiten gefunden. *pl. Św. Jakuba 5*

WAŁY CHROBREGO (HAKENTERRASSE)

Versäumen Sie nicht, Stettins Prachtpromenade am Ufer der Oder entlangzugehen und den herrlichen Blick auf den Hafen zu genießen. Die Promenade ist einen halben Kilometer lang und von repräsentativen Gebäuden aus der Gründerzeit gesäumt.

ZAMEK KSIĄŻĄT POMORSKICH (HERZOGSCHLOSS)

Hoch über der Oder thront das Wahrzeichen der Stadt, weithin sichtbar durch die helle Fassade im Stil der italienischen Renaissance. Nach dem

Bildhübsch restaurierte Stettiner Fassade

Krieg wurde das schwer beschädigte Herzogschloss originalgetreu wieder aufgebaut. Die einstige Residenz der Pommerschen Herzöge ist heute das kulturelle Zentrum Stettins, das u.a. ein Forum zeitgenössischer Kunst (Insider Tipp) beherbergt. 60 m hoch ist der Uhrenturm, von dem aus Sie ein herrliches Stadtpanorama genießen können. *Mai–Sept. tgl. 10–17 Uhr | ul. Korsarzy 34 | www.zamek.szczecin.pl*

ESSEN & TRINKEN

CHIEF

Gutes Fischrestaurant im Pariser Viertel. *ul. Rayskiego 16 | Tel. 091 4 88 14 17 | www.chief.com.pl | €€*

CHRISTOPHER COLUMBUS

Am Ende der Hakenterrasse, polnische und maritime Küche, Ausblick auf Oder und Hafen. *ul. Wały Chrobrego 1 | Tel. 09 14 89 34 01 | www.columbusclub.pl | €€*

KARCZMA POD KOGUTEM

Insider Tipp

Von außen unscheinbar, drinnen ein Landgasthof mit polnischen Speisen und Musik. Große Portionen. *pl. Lotników 3 | Tel. 09 14 34 68 73 | www.karczmapodkogutem.pl | €–€€*

ÜBERNACHTEN

HOTEL BOŃCZA

Auf den Fundamenten eines Wasserkraftwerks am Fluss Płończa im historischen Stadtviertel Dąbie errichtet, ca. 1,2 km vom Zentrum. *18 Zi. | ul. Aniela Krzywoń 18 | Tel. 091 4 69 35 04 | www.hotel-boncza.pl | €€*

HOTEL FOCUS

Zentrales Hotel in einem renovierten historischen Gebäude am Beginn der Hakenterrasse. Schöner Blick auf den Hafen, die Altstadt – und leider auch die Stadtautobahn. *70 Zi. | ul. Małopolska | Tel. 09 14 33 05 00 | www.hotelfocus.com.pl | €€–€€€*

PARK HOTEL

Elegantes Hotel mitten in der Stadt mit umfangreichem Wellnessangebot. *32 Zi. | ul. Platanowa 1 | Tel. 09 1 43 40 05 | www.parkhotel.szczecin.pl | €€€*

AM ABEND

Zum Warming up geht man in die „Thermoskanne“. So wird wegen sei-

Ganz schön viel Badebetrieb, aber der Strand von Swinemünde ist lang und breit genug

ner Form das noble Pazim-Bürohaus genannt. Darin befindet sich das Radisson Hotel und im 22. Stock das *Cafe 22*, von dem aus man einen grandiosen Blick auf die Stadt hat *(So–Do 12–23, Fr/Sa 12–24 Uhr | pl. Rodła 10)*. Wer Lust auf Kunst und Livejazz hat, geht in das angesagte *Brama Jazz Cafe (tgl. | pl. Hołdu Pruskiego 1)*. Im *Teatr Kana* finden Sie eine Mischung aus Schauspiel, Konzert und Pub *(tgl. | pl. św. Piotra i Pawła 4/5)*.

AUSKUNFT

ZENTRUM INFORMACJI TURYSTYCZNEJ
al. Niepodległości 1a | Tel. 091 4 34 04 40 | www.turystyka.szczecin.pl

ZIELE IN DER UMGEBUNG

KAMIEŃ POMORSKI (CAMMIN) **[128 B3]**
Der Kurort (10000 Ew.) liegt 45 km nördlich von Stettin. Sein Prunkstück ist die romanisch-gotische *Bischofskathedrale* mit ihrer 10 m hohen Barockorgel von 1669 *(Konzerte Fr 19, Juli/Aug. tgl. 13 und 17 Uhr)*. Im Presbyterium links befinden sich zwei prächtige Originalbilder von Lucas Cranach d. Ä. aus dem 16. Jh. Für einen Augenblick der Ruhe kehren Sie ins *Lapidarium* ein, ein gotisches Atrium mit romantischem Kräutergarten und einer 500 Jahre alten Eiche. Übernachten Sie im *Hotel Staromiejski* mit Blick aufs Haff *(38 Zi. | ul. Rybacka 3 | Tel. 09 13 82 26 44 | www.hotel-staromiejski.pl | €)*.

ŚWINOUJŚCIE (SWINEMÜNDE) **[128 B3]**
95 km nördlich von Stettin liegt die Stadt einzigartig auf einem Archipel aus 44 Inseln. Das milde Reizklima, ihre Solequellen und Moorbäder haben sie schon im 19. Jh. zu einem beliebten Ferien- und Kurort gemacht. Heute gewinnt die ehemalige „Badewanne Berlins" mit der Grenze zu Deutschland und den Fähren aus Dänemark und Schweden immer mehr an internationalem Flair. Hier finden Sie den längsten Sandstrand Polens, der an seinen breitesten Stellen bis zu 150 m erreicht. Angenehm, dass die Ostsee an diesem Küstenabschnitt mit 21–23 Grad besonders warm ist. Sehenswert ist die alte preußische Wehranlage aus dem 19. Jh. Sie besteht aus den drei gut erhaltenen Forts *Anioła* und *Zachodni auf der Insel Uznam sowie* *Wschodni (Gerharda)* auf der Insel Wollin. Dort finden auch viele Ausstellungen, Konzerte etc. statt *(www.fortaniola.pl, www.westbatterie.prv.pl)*. Vom 150 Jahre alten und mit 65 m Höhe größten *Leuchtturm* Europas auf Wollin können Sie 46 km weit schauen.

Unter den vielen Hotels der Gegend sei das *Amber Baltic Hotel* in *Międzyzdroje (Misdroy)* am Strand genannt *(160 Zi. | Promenada Gwiazd 1 | Tel. 09 13 22 85 00 | www.hotel-amber-baltic.pl | €–€€)*. Auskunft: *Informacja Turystyczna | Wybrzeże Władysława IV | Tel. 09 13 22 49 99 | www.swinoujscie.pl*

WOLLINER NATIONALPARK ★ **[128 B3]**
40 km Wanderpfade führen durch den ca. 120 km² großen *Woliński Park Narodowy* mit grandiosen Landschaften: Bis zu 95 m hohe Kreidefelsen, uralte Buchenwälder und Eiszeit-Seen. Im Schutzgebiet sind viele seltene Tiere beheimatet, vor allem Vogelarten. | *www.wolinpn.pl*

> AN POLENS WIEGE

Bei der Entwicklung Polens in eine moderne Zukunft spielen Wielkopolska und Poznań eine Vorreiterrolle

> Was wäre, wenn die biblische Eva aus Posen stammte? Nichts. Die Menschheit wäre verloren. Denn eine Eva aus Posen hätte den Apfel nicht gegessen, sondern geschält und eingeweckt. Schluss, aus. Diese Scherzfrage illustriert treffend den Ruf, den die Posener und auch die Großpolen unter den Polen genießen. Sie werden die Preußen Polens genannt; ihnen wird nachgesagt, besonders gewissenhaft, pünktlich, fleißig und ordentlich zu sein.

Bild: Posen, Pfarrkirche St. Stanisław

Gewiss haben die Teilungen Polens und die beinahe einhundertfünfzig Jahre andauernde Herrschaft Preußens hier ihre Spuren hinterlassen. Aber entscheidend für die starke regionale Identität der Bewohner Großpolens (Wielkopolska) ist wohl eher die Tatsache, im Kern- oder Keimland des polnischen Staates zu leben. Hier nahm der Prozess der Staatswerdung Polens mit der Annahme des Christentums im Jahr 966

RUND UM POSEN

seinen Anfang. Schon zwei Jahre später gab es in Posen das erste Bistum, und im Jahr 1000 weihte man im neuen Erzbistum Gnesen bei Posen eine gewaltige Kathedrale, den zukünftigen Krönungsort der ersten polnischen Könige.

Nicht zuletzt schöpfen die Bewohner von Wielkopolska ihr starkes Selbstbewusstsein aus der Tatsache, dass ihre Region über das größte wirtschaftliche Potenzial landesweit verfügt. Hier ist der Durchschnittsverdienst hoch und die Arbeitslosenquote gering. Auch als Kornkammer des Landes hat die Region eine lange Tradition. Am stärksten jedoch wird Großpolen mit dem Handel assoziiert. Posen und die gesamte Region haben seit jeher von ihrer Lage an uralten Handelswegen profitiert. Daher ist das Straßen- und Eisenbahnnetz in und nach Großpolen besonders gut ausgebaut.

Die Landschaft von Wielkopolska haben skandinavische Gletscher geprägt. Sie hinterließen im bewaldeten westlichen und nördlichen Teil zahlreiche Seen. Sanfte Hügel und kleinere Erhebungen prägen hier eine liebliche Landschaft. Während sich der westliche und nördliche Teil der Region durch die Schönheit seiner Natur auszeichnet, hat im Osten und Süden der Mensch die Kulturlandschaft geprägt, Zeugnisse dafür sind eindrucksvolle gotische und barocke Bauwerke. Besonders wertvoll sind auch die romanischen Architekturdenkmäler zwischen Posen, Gniezno (Gnesen) und Kruszwica. Zahlreiche sorgfältig restaurierte prunkvolle Paläste und Herrenhäuser südlich von Posen zeugen darüber hinaus vom einstigen Wohlstand des einst hier ansässigen Adels.

POZNAŃ (POSEN)

[136 B4] **Die Bedeutung Posens (600 000 Ew.) als internationaler Messestandort bestimmt wesentlich die Ausstrahlung der Stadt und hat eine lange Tradition.** Bereits ein Jahr nach der Stadtgründung nach dem Magdeburger Recht wurde 1254 das erste Handelsprivileg erlassen. In der Folgezeit entwickelte sich Posen zu einem bedeutenden mitteleuropäischen Handelszentrum. Bald nach dem Zweiten Weltkrieg knüpften die Posener an die alte Handelstradition der Stadt an und gründeten 1947 die „Internationale Messe Posen“. Sie war zur kommunistischen Zeit neben Leipzig der wichtigste Ost-West-Umschlagplatz. Heute werden hier jährlich rund 40

Straßencafés und -restaurants vor restaurierten Fassaden auf dem Marktplatz von Posen

große Fachmessen organisiert, drei Viertel der Aussteller kommen aus der EU. Die Internationalität Poznańs, die Mitte des 19. Jhs. auf die Eisenbahnanbindung nach Stettin, Berlin und Breslau zurückzuführen war und heute vor allem auf der weltweiten Vernetzung durch die Messe beruht, bedeutet für die Stadt einen enormen Standortvorteil. Zahlreiche internationale Banken und ausländische Investoren haben sich hier niedergelassen, der größte ist VW. Auch auf andere Weise profitiert die Stadt von ihrer Offenheit und Internationalität, als Zentrum für Wissenschaft und Forschung.

Polens Boomtown ist eine Stadt mit einem vielfältigen, innovativen kulturellen Leben. Erholung findet man in den zahlreichen Grünanlagen. Zu den beliebtesten zählen der *botanische Garten*, das *Palmenhaus* sowie das 100 ha große *Park-areal rund um die Zitadelle* mit den berühmten Skulpturen der international renommierten Künstlerin Małgorzata Abakanowicz, Werke aus natürlichen Materialien von großartiger Monumentalität und Ausdruckskraft.

SEHENSWERTES

ALTSTADT ★

Eines der schönsten Renaissancegebäude Europas steht auf dem mittelalterlichen Marktplatz *Stary Rynek* im Herzen der Stadt – das von dem italienischen Meister Giovanni Baptista di Quadro Mitte des 16. Jhs. erbaute *Rathaus*. Auf dem Rathausturm sind Schlag zwölf Uhr mittags zwei kämpfende Ziegenböcke zu sehen. Der Legende nach stürzte sie ihr Zwist ins Unglück bzw. in einen unter ihnen fließenden Bach. Das Motiv findet sich als Mahnung auch im Posener Wappen. Neben dem Rathaus stehen die *Tuchhallen* aus dem 14. Jh. und die *Krämerhäuser* mit ihren charakteristischen Laubengängen aus dem 15. und 16. Jh. Bürgerhäuser aus verschiedenen Epochen umgeben den Markt, darunter das *Palais der Familie Działyński* (1808) mit dem ▶▶ *Roten Saal*, in dem immer donnerstags Veranstaltungen in der Tradition der literarischen Salons stattfinden. Seit 1915 erinnert die Brunnenfigur „Bamberka" auf der westlichen Seite des alten Rathauses an den Dreißigjährigen Krieg: Die Bevölkerung

Insider Tipp

MARCO POLO HIGHLIGHTS

★ Altstadt
Ein lebendiger Komplex schöner alter Bürgerhäuser und Krämerläden mit einer Perle der Renaissance in der Mitte – dem Posener Rathaus (Seite 49)

★ Malta
Erholung und Spaß im Sport- und Freizeitzentrum am Stausee mit Skifahren und Rodeln zu jeder Jahreszeit (Seite 53)

★ Kórnik
Das einzig erhaltene Magnatenschloss mit originaler Ausstattung und großer Bibliothek inmitten des größten dendrologischen Parks Polens (Seite 55)

★ Toruń (Thorn)
Das Altstadtensemble der Geburtsstadt von Nikolaus Kopernikus mit seiner originalen mittelalterlichen Anlage zählt zum Unesco-Weltkulturerbe (Seite 55)

Großpolens war dezimiert, und der Posener Rat bot Menschen aus dem Raum Bamberg eine neue Lebensgrundlage an. Vom Markt führt die Seitengasse *ul. Gołębia* zur dreischiffigen Basilika der *St.-Stanisław-Pfarrkirche*, einer Perle des polnischen Barocks.

DOMINSEL

Östlich der Altstadt liegt die Museumsinsel *Ostrów Tumski*, der älteste Stadtteil Posens. Die Anfänge der erzbischöflichen *St.-Peter-und-Paul-Domkirche*, des ältesten Baudenkmals der Stadt, gehen auf die Gründung des Posener Bistums im Jahre 968 zurück. Heute befinden sich dort die Gräber von Polens Gründungsherrschern Mieszko I. und Bolesław dem Tapferen. Südlich des Doms, im spätgotischen *Psaltergebäude*, wurden früher die Sänger des Kathedralenchors untergebracht. Daneben befindet sich die kleine *Kirche der hl. Jungfrau Maria.* Der spätgotische Bau (1431–47) steht wahrscheinlich an der Stelle der ca. 965 von Dobrawa, der Gattin von Mieszko I., gestifteten Burgkapelle. Nördlich davon sieht man den Renaissancebau der *Lubrański-Akademie*, der ersten höheren Schule Posens, 1518 gegründet.

Insider Tipp

MODELL POSENS AUS DEM 17. JH.

Im Kellergewölbe des *Franziskanerklosters (Klasztor oo. Franciszkanów)* befindet sich eine Nachbildung Posens vom Anfang des 17. Jhs. Die historische Rekonstruktion im Maßstab 1:150 hat eine Größe von über 50 m^2. Eine (auch auf Deutsch) kommentierte Licht- und Ton-Show dauert ca. 30 Minuten. *Tgl. 11 Vorführungen: 9.30–17 Uhr | 12 Zł. | Góra Przemysława, Eingang ul. Ludgardy* | *www.makieta.poznan.pl*

ZENTRUM

Das heutige Zentrum erstreckt sich vom *plac Wolności* bis zum *plac Mickiewicza (Adam-Mickiewicz-Platz)*. Viele Gebäude aus dem 19. und vom Anfang des 20. Jhs. verleihen ihm seinen gediegenen Charakter. Neben zahlreichen Kirchen findet man hier das *Nationalmuseum*. die *Raczyński-Bibliothek* und die *Oper (Teatr Wielki)*. Auf dem

Einst Brauerei, heute Einkaufs- und Kulturzentrum: Stary Browar

Adam-Mickiewicz-Platz erinnert seit 1981 ein monumentales *Mahnmal* an den ersten großen antikommunistischen Arbeiteraufstand in Polen, der 1956 in Posen ausgebrochen war. Der im 19. Jh. entworfene Platz gehört zu den renommierten Adressen der Stadt: Hier befinden sich viele öffentliche Gebäude, darunter das *Collegium Minus* im holländischen Renaissancestil (heute Adam-Mickiewicz-Universität), das *Collegium Maius* (heute Medizinische Akademie) und das neoromanische *Kaiserschloss* (heute Kulturzentrum Zamek). Das Schloss ist ein Paradebeispiel für Preußens Spuren im Stadtbild Posens. Das monumentale Gebäude wurde als Residenz für Kaiser Wilhelm II. in den Jahren 1904–10 erbaut.

ESSEN & TRINKEN

BAR AVANTI

Direkt am Alten Markt gelegen, ausgezeichnet als bestes Fast-Food-Restaurant Wielkopolskas, mit äußerst preiswerten Nudelgerichten. *Stary Rynek 76 | Tel. 06 18 52 32 85 | www.avanti.poznan.pl* | €

BAŻANCIARNIA

Überaus üppig ausgestattetes Restaurant am Alten Markt mit hervorragender Wildkarte, von der legendären Gastronomin Magda Gessler geführt. *Stary Rynek 94 | Tel. 06 18 55 33 58 | www.bazanciarnia.pl* | €€–€€€

CYMES

Cymes bedeutet auf Jiddisch etwa „lecker". Lecker essen und trinken können Sie im gemütlichen Ambiente des einzigen jüdischen Restaurants in Posen mit koscherer Küche und Bier aus Israel. *ul. Woźna 2/4 | Tel. 06 18 51 66 38 | www.cymespoznan.pl* | €

GOSPODA MŁYŃSKIE KOŁO

Ein großes, rustikales, gemütliches Holzhaus mit Kamin, landschaftlich reizvoll an einem Weiher gelegen, mit regionaler und altpolnischer Küche. Ca. 15 km vom Zentrum Posens. *ul. Browarna 37 | Tel. 06 18 78 99 35 | www.mlynskiekolo.pl* | €€

EINKAUFEN

STARY BROWAR

Mit seinen zahlreichen Einkaufszentren und schicken Boutiquen macht Posen heute seiner Tradition als Handelsstadt alle Ehre: Eine prominente Adresse ist das Handels-, Kunst-, und Businesszentrum *Stary Browar* auf dem Gelände einer alten Brauerei *(ul. Półwiejska 42)*. Dort finden Sie angesagte Modeadressen und moderne Kunst in stilvollem Ambiente.

Als Gegenstück ist auch ein Warenhaus im sozialistischen Stil sehenswert: Es ist rund und heißt *Okrąglak* (etwa Rundhaus) und wurde im Geist der konstruktivistischen Architektur der 1950er-Jahre errichtet *(ul. 27-go grudnia/ul. Mielżyńskiego)*.

ÜBERNACHTEN

Während der Messen sind die Hotels in der Regel um ein Drittel teurer, am Wochenende oft ein Drittel billiger.

HOTEL BROVARIA

Direkt am Alten Markt in einem historischen Bürgerhaus gelegenes kleines Hotel im 30er-Jahre-Stil, mit angeschlossener Brauerei, Bierkeller und originellen Gerichten. *16 Zi., 1 Apt. | Stary Rynek 73–74 | Tel. 06 18 58 68 68 | Fax 06 18 58 68 69 | www.brovaria.pl* | €€

HOTEL IKAR

Modernes Hotel, nur 15 Minuten Fußweg von der Altstadt entfernt. *141 Zi. | ul. Kościuszki 118 | Tel. 06 16 58 71 05 | Fax 06 16 58 71 15 | www.hotelikar.com.pl* | €€

REZYDENCJA SOLEI

Inmitten eines malerischen Waldes, 400 m vom Strzeszyńskie-See, befindet sich die Residenz Solei, etwa 15 Minuten von der Posener Altstadt entfernt (Taxi: 35 Zł. ab Innenstadt). *23 Zi., 3 Apt. | ul. Wałecka 2 | Tel. 06 18 47 58 38 | Fax 06 18 47 51 14 | www.hotel-solei.pl* | €€

HOTEL TOPAZ

In unmittelbarer Nähe von Messe, Busbahnhof und Bahnhof, trotzdem ruhig; einfach, aber angenehm. *29 Zi. | ul. Przemysłowa 34 A | Tel. 06 18 33 39 04 | Fax 06 18 33 76 00 | www.hotel-topaz.pl* | €

HOTEL VIVALDI

Im Zentrum, aber sehr ruhig im Park unweit der Zitadelle gelegenes modernes Hotel, gute Verkehrsanbindung. *48 Zi. | ul. Winogrady 9 | Tel. 06 18 58 81 00 | Fax 06 18 53 29 77 | www.vivaldi.pl* | €€€

>LOW BUDGET

- Die Posener *City Card* berechtigt zur kostenlosen Nutzung aller städtischen Verkehrseinrichtungen. Darüber hinaus freier Eintritt in Museen u. Ä., Rabatte in Restaurants, Kinos, Oper etc. Preise inkl. kleiner Fremdenführer: 1-Tageskarte 30 Zł., für 2 Tage 40 Zł., für 3 Tage 45 Zł. Für touristische Ziele in der Umgebung ist die Karte jeweils einen Tag länger gültig. In allen Filialen des Städtischen Informationszentrums für Touristik sowie in einigen Hotels
- Für ca. 35 Zł. (10 Euro) übernachten kann man in der zentral gelegenen *Jugendherberge TPD (ul. Drzymały 3 | Tel. 06 18 48 58 36)*.
- Die Hinweise „Bar mleczny" oder „Obiady domowe" deuten meist auf gutes, preiswertes Essen (Hauptgericht 10–20 Zł.). Beim ersten Hinweis gibt es Mehl- und Milchspeisen, beim zweiten Hausmannskost. Überall in Posen, viele in der Altstadt.

AM ABEND

Wo steppt der Bär? Eindeutig rund um den Alten Marktplatz *(Stary Rynek)*. Klubs mit jeder erdenklichen Art von Musik, ob live oder mit DJ, für jeden Geschmack, jedes Alter und Portemonnaie etwas. Empfehlenswert im Zentrum ist der ▶▶ *Blue Note Jazz Club* im Schloss (Zamek) mit Livemusik, nicht nur Jazz *(tgl. 19–2 Uhr | ul. Kościuszki 76/78 | www.bluenote.poznan.pl)*. In der Nähe der Universität und als Studententreff sehr beliebt ist der ▶▶ *Klub w Starym Kinie (Club im alten Kino)*, wo auf zwei Etagen Filme gezeigt werden, Musik gespielt und getanzt wird *(tgl. | ul. Nowowiejskiego 8 | www.wstarymkinie.pl)*.

Wer ganz klassisch abtanzen möchte – angesagt ist die Diskothek *Tuba (Mi–Sa ab 20 Uhr | ul. Małe Garbary 5 | www.tubaclub.pl)*.

Interessant sind die renommierten Posener Theater: das *Polnische Tanztheater (Polski Teatr Tańca | ul. Kozia 4 | Tel. 0618524242/41 | www.ptt-poznan.pl)*, das experimentelle Theater des 8. Tages *(Teatr ósmego dnia | ul. Ratajczaka 44 | 06 18 55 20 86 | www.osmego.art.pl)* sowie das *Theater der Animation (Teatr Animacji | ul.*

FREIZEIT & SPORT

MALTA ★

Der *Jezioro Maltańskie* ist ein 64 ha großer Stausee im Westen der Stadt. Hier können Sie im Freibad baden, mit einem Ausflugsdampfer schippern oder mit der Schmalspurbahn „Maltanka" durch den Park zum neuen Posener Zoo fahren.

So ruhig ist es hier nicht überall: Posens Naherholungsgebiet Malta-See

Św. Marcin 80/82 | Tel. 06 18 53 72 20 | www.teatr-animacji-poznan.com.pl) für Erwachsene und Kinder.

Für Liebhaber klassischer Unterhaltung empfehlen sich die *Philharmonie (Filharmonia | ul. Św. Marcin 81 | Tel. 06 18 52 47 08 | www.filharmonia.poznan.pl)* und die *Oper (Teatr Wielki im Stanisława Moniuszki | ul. Fredry 9 | Tel. 06 16 59 02 00 | www.opera.poznan.pl)*.

Ganzjährig geöffnet ist das Sport- und Erholungscenter *Malta-Ski* am Südufer. Die größte Attraktion ist die Abfahrtstrecke von 150 m. Auch wurde eine 560 m lange Sommerrodelbahn eingerichtet. Günstig übernachten kann man auf dem Vier-Sterne-Campingplatz *Camping Malta nr. 115* und im *Hotel Malta (62 Zi. | ul. Krańcowa 98 | Tel. 06 18 76 61 55 | www.posir.poznan.pl | €–€€)*.

POZNAŃ (POSEN)

AUSKUNFT

CIM (CENTRUM INFORMACJI MIEJSKIEJ)
ul. Ratajczaka 44 | Arkadia | Tel. 06 18 51 96 45 | Fax 06 18 56 04 54 | www.cim.poznan.pl

ZIELE IN DER UMGEBUNG

DZIEKANOWICE **[136 C3]**

Nördlich der Strecke Poznań–Gniezno, ca. 35 km von Posen, liegt am Lednicki-See der *Wielkopolski Park Etnograficzny*, auf dessen Gelände ein großpolnisches Dorf aus dem 19. Jh. rekonstruiert wurde. Die meisten der 73 Exponate sind Originalhäuser aus Dörfern der Region, die im Park wieder aufgebaut wurden. Sie sind liebevoll und sorgfältig mit originalem Werkzeug und Gebrauchsgegenständen ausgestattet *(Di–So 9 Uhr bis Einbruch der Dämmerung, Nov./Dez. geschl. | Dziekanowice 23 | www.lednicamuzeum.pl)*. Im See liegt die Insel *Ostrów Lednicki* mit vorromanischen Ruinen, zu der man per Boot übersetzen kann *(15. April–31. Okt.)*. Das Freilichtmuseum und die Insel sind Teile des *Museums der Ersten Piasten (Muzeum Pierwszych Piastów)* am Ufer des Sees *(Eintritt 12 Zł. für Museum und Insel)*.

Eine wahre Perle inmitten dieser Landschaft ist ein Hotel mit Restaurant in einem Landschlösschen in der Nähe. An der Strecke Gniezno–Bydgoszcz, Abfahrt Rogowo, liegt im Ort *Grochowisko Szlacheckie* bei Biskupin das *Restauracja-Hotel Pałacow* wunderschön in einem Park, geschmackvoll eingerichtet, mit einer vorzüglichen regionalen Küche *(8 Zi. Tel. 05 23 02 70 01 | www.palac-grochowiska.com.pl | €€€)*.

GNIEZNO (GNESEN) **[136 C3–4]**

Gniezno (70000 Ew., 50 km nordöstlich von Posen) ist als die erste Hauptstadt Polens in die Geschichte

Imposanter Backsteinbau: der Artushof (Dwór Artusa) am altstädtischen Markt von Thorn

eingegangen. Das heutige Stadtbild im Zentrum zeichnet sich durch eine einheitliche Architektur der kleinen Bürgerhäuser aus. Viele Straßenzüge warten noch auf eine Restaurierung, einige bereits fertiggestellte lassen den zukünftigen Charme Gnesens erahnen. Auf einem kleinen Hügel unweit des Alten Marktes liegt der *gotische Dom* aus dem 14./15. Jh. Er steht an der Stelle der Kirche, die Mieszko I. nach seiner Taufe 966 errichten ließ. Von dieser erhalten geblieben ist nur das *Gnesener Tor.* Auf dem bronzenen Portal, das zu den Meisterwerken romanischer Kunst in Polen zählt, werden in ausdrucksstarken Szenen das Leben und der Tod des hl. Adalbertus geschildert *(Mo bis Fr 9–17 Uhr).*

In der Fußgängerzone in der Nähe des Kathedralplatzes verbindet sich in dem alten Gemäuer des *Hotels Pietrak* polnische Gastfreundschaft mit einer modernen Ausstattung *(54 Zi. | ul. Chrobrego 3 | Tel. 06 14 26 14 97Fax 06 14 26 14 97 | www.pietrak.pl | €€). www.powiat-gniezno.pl*

KÓRNIK ★ [136 B5]

Die neugotische Adelsresidenz, ca. 20 km südlich von Posen, gehört zu den wenigen vollständig erhaltenen ihrer Art. Sie stammt aus dem 15. Jh. und wurde mehrfach umgebaut. Ihre heutige Gestalt stammt aus der Mitte des 19. Jhs. nach Entwürfen von Karl Friedrich Schinkel. Das Schloss beherbergt eine wertvolle Bibliothek mit 320000 Bänden und ist mit originalem Interieur des 19. Jhs. ausgestattet. Es fehlt auch nicht der Schlossgeist – eine der früheren Besitzerinnen spukt hier als „Weiße Dame“. Rund um die Residenz erstreckt sich der größte dendrologische Park Polens, angelegt im 18. Jh. Heute sieht man viele seltene Bäume und Sträucher aus Mitteleuropa. Zu den ältesten zählt die 300 Jahre alte Lindenallee, die vom Schloss nach Süden führt. *Schloss: Mai–Sept. Di bis So 10–17 Uhr, Okt.–April Di–So 10–16 Uhr | Kórnik | ul. Zamkowa 5 | www.bkpan.poznan.pl.*

Es gibt eine Extra-Buslinie Kórnik–Posen: *Linie NB | 40 Min. Fahrzeit | 4,40 Zł. | www.kombus.com.pl* Insider Tipp

TORUŃ (THORN) ★ [137 F1]

150 km nordöstlich von Posen liegt Thorn, das historische Altstadtensemble mit seiner originalen mittelalterlichen Anlage. Es zählt zum Unesco-Weltkulturerbe. Die Stadtgründung im 13. Jh. geht auf den Deutschen Ritterorden zurück. Am altstädtischen Markt steht das imposante gotische *Rathaus* mit seinem 40 m hohen Aussichtsturm, in dem sich das sehenswerte *Heimatmuseum* befindet. Erhabene gotische Strenge vermittelt der *Dom des hl. Johannes des Täufers* – er ist einer der ältesten Sakralbauten der Region. Von den zahlreichen Museen ist vor allem das *Kopernikus-Museum* im Geburtshaus des berühmten Astronomen hervorzuheben *(Di–So 10–16 Uhr | ul. Kopernika 15/17 | www.muzeum.torun.pl). www.it.torun.pl.*

Stilvoll übernachten und speisen können Sie in einem historischen Speicher, im *Hotel Spichrz (19 Zi. | ul. Mostowa 1 | Tel. 05 66 57 11 40 | Fax 05 66 57 11 44 | www.spichrz.pl | €€).*

> POLENS ZENTRUM

Die wachsende Metropole beeindruckt durch ihre Gegensätze, und von ihr aus lassen sich reizvolle Teile des Landes entdecken

> Mazowsze – Masowien – nennt sich das Land an der Mittleren Weichsel rund um Warschau. Kleine und mittlere Städte wie Kazimierz, Płock oder Łowicz haben hier Interessantes zu bieten.

Fruchtbare Felder, von Kopfweiden gesäumte Flussläufe und ein Wald, der fast bis nach Warschau reicht, machen den Reiz der masowischen Landschaft aus. Auf keinen Fall sollte man sich auch das spannende Łódź entgehen lassen, und wer auf Natur pur steht, der sollte sich unbedingt auf den Weg zu den Wisenten, Elchen und Tarpanen in Europas letztem Urwald von Białowieża machen.

WARSCHAU

KARTE IN DER HINTEREN UMSCHLAGKLAPPE

[138 B–C1] **Warszawa beeindruckt heute vor allem durch seine Schnelllebigkeit und sein ungezähmtes Wachstum.** Polens

Bild: Warschau

RUND UM WARSCHAU

Hauptstadt ist eine Metropole im Werden. Überall schießen gläserne Bürohäuser, Hotels und Bankentürme gen Himmel, moderne Handelszentren nehmen hektargroße Flächen ein. Riesige Werbeplanen bedecken ganze Häuserfronten, ein Dschungel von Reklameschildern, das Pulsieren der Leuchttafeln, all das legt Zeugnis davon ab, wie sehr der Konsum inzwischen auch das polnische Alltagsleben beeinflusst.

Breite Straßen zerschneiden Warschau in alle Richtungen, und dennoch bilden sich morgens und nachmittags gewaltige Staus. Das Zentrum der Stadt erstickt buchstäblich am Autoverkehr. Wer einigermaßen schnell vorankommen will, ist gut beraten, das weit verzweigte Netz der Schnellstraßenbahn oder, wenn es gerade passt, die einzige U-Bahnlinie zu benutzen. Ein Meer von Plattenbauten bedeckt den überwiegenden Teil der Stadtfläche, prägt das Gesicht der Metropole. Hunderttausende von Menschen bewohnen diese Schlafstätten, kaufen ein auf Kleinmärkten, chaotischen Ansammlungen

Kitsch, Kunst und Cafés auf dem Marktplatz der Altstadt

von Bretterbuden und provisorischen Pavillons, die sich überall zwischen den Beton-Wohnblocks etabliert haben.

Warschau beeindruckt auch durch seine oft krassen Gegensätze. Wer die Altstadt mit ihren winkeligen, kopfsteingepflasterten Gässchen, den dicken, krummen Häuserwänden, den nach außen geöffneten Sprossenfenstern zum ersten Mal sieht, mag es zunächst nicht glauben. In Warschau jedoch ist fast alles neu, Kirchen, Paläste, auch die Altstadt. Man hat sie originalgetreu wieder aufgebaut nach der völligen Zerstörung der Stadt im Zweiten Weltkrieg. Es gibt einige angenehme Oasen der Ruhe in dieser hektischen, ungezügelt aufstrebenden Metropole. Es sind vor allem die Parks im Zentrum der Stadt – Lazienki, Ujazdowski, auch der Botanische Garten.

Heute ist Warschau der unumstrittene Mittelpunkt und mit seinen 1,7 Mio. Ew. die größte Stadt des Landes. Hier gibt es die meisten Studenten, die an mehr als fünfzig Hochschulen lernen, hier kann man die bedeutendsten Museen Polens besuchen, hier erscheinen alle wichtigen Zeitungen des Landes, hier wird im Parlament und in den Behörden die polnische Politik gemacht, hier schließlich funktioniert die größte Wertpapierbörse Ostmitteleuropas.

Wer zum ersten Mal nach Warschau kommt, sollte sich durch den anfänglich ernüchternden Eindruck nicht täuschen lassen. Auf den zweiten Blick könnte sich daraus durchaus eine Liebe ergeben. Einen genauen Einblick ermöglicht auch der MARCO POLO Band „Warschau".

SEHENSWERTES

ALTSTADT UND NEUSTADT (STARE MIASTO/NOWE MIASTO) ★ [U B–C1]

Die beiden „guten Stuben" der Warschauer wurden zwischen 1949 und 1953 detailgenau wieder aufgebaut. An der Świętojańska-Gasse in der Altstadt, wo einst die reichen Warschauer Kaufleute wohnten, befindet sich die *Kathedrale des hl. Johannes* aus dem 14. Jh. In der Krypta sind die Grabmäler vieler berühmter Polen zu sehen *(Krypta tgl. 10–13 u. 15–17.30 Uhr)*. Der schöne *Marktplatz*, von Patrizierhäusern eingefasst, bietet die Gelegenheit, sich in eines der Straßencafés zu setzen und das bunte Treiben ringsherum auf sich wirken zu lassen. Durch die *Nowomiejska-Gasse* gelangen Sie zu der teilweise rekonstruierten Wehrmauer und zum *Neustädtischen Tor* mit der *Barbakane*, einem im 16. Jh. errichteten, vorgelagerten Zwinger.

Dahinter beginnt die Neustadt, wo einst weniger betuchte Handwerker zu Hause waren. Durch die *ul. Freta* gelangen Sie auf den malerischen *Neustädtischen Markt*, quer über den Markt führt der Weg an der weißen Sakramentskirche vorbei zur *ul. Kościelna*, in die man rechts einbiegen sollte, um einen Blick auf die Weichsel zu genießen. *Bus u. a. 180, 518, Plac Zamkowy | Zugang zur Neustadt durch die Altstadt*

GETTO-GELÄNDE [U A1]

Die wichtigsten Erinnerungsorte an das Warschauer Getto, in das die

MARCO POLO HIGHLIGHTS

★ **Altstadt (Stare Miasto)**
Warschaus schönstes Viertel, originalgetreu wieder aufgebaut (Seite 59)

★ **Königsschloss (Zamek Królewski)**
Prächtige Innenräume mit dem beeindruckenden Canaletto-Saal (Seite 60)

★ **Kulturpalast (Pałac Kultury)**
Herrlicher Blick auf Warschau vom stalinistischen Prachtbau (Seite 61)

★ **Muzeum Powstania Warszawskiego (Museum des Warschauer Aufstandes)**
Beeindruckend: die Geschichte dieses Freiheitskampfes (Seite 64)

★ **Łódź**
Faszinierende Industriearchitektur, neu belebt (Seite 68)

★ **Puszcza Białowieża**
Einmalige Tier- und Pflanzenwelt im letzten Urwald Europas (Seite 71)

deutschen Nationalsozialisten ab Ende 1940 knapp eine halbe Million Juden unter furchtbaren Bedingungen eingepfercht hatten, befinden sich in der Nähe des von Wohnhäusern umgebenen Platzes an der *ul. Zamenhofa*, wo sich das 1948 aufgestellte Denkmal der Getto-Helden erhebt. Es soll an den im April 1943 ausgebrochenen Getto-Aufstand erinnern. Im Dezember 1970 machte der damalige deutsche Bundeskanzler Willy Brandt hier seinen berühmten Kniefall. Im Jahr 2000 wurde die Grünanlage mit dem Getto-Denkmal nach ihm benannt *(Skwer Willy Brandta)* und eine Gedenktafel zu seinen Ehren aufgestellt.

Auf der *ul. Zamenhofa* gelangen Sie zur *ul. Stawki.* Das an der Ecke zur *ul. Dzika* [0] aufgestellte Portal markiert den ehemaligen Umschlagplatz, von dem die Todestransporte ins Vernichtungslager Treblinka abfuhren. *Bus 111, 180, Skwer Willy Brandta, Zamenhofa, Nalewki*

GRABSTÄTTE UND MUSEUM DES PRIESTERS JERZY POPIEŁUSZKO [0]

Insider Tip

Beamte der kommunistischen politischen Polizei SB haben den Arbeiterpriester Jerzy Popiełuszko im Oktober 1984 ermordet. Sein Grab an der Stanisław-Kostka-Kirche im Stadtteil Żoliborz ist heute ein Wallfahrtsort. Ein Museum im Keller der Kirche berichtet eindrucksvoll vom Freiheitskampf der Solidarność, vom Leben und Wirken Popiełuszkos, vermittelt aber auch das Besondere am polnischen Katholizismus. *Mi–Fr 10–16, Sa/So 10–17 Uhr | freiwillige Spende am Eingang | ul. Kardynała Stansiława Hozjusza 2 | www.popieluszko.net.pl | Metro Plac Wilsona*

KÖNIGSSCHLOSS (ZAMEK KRÓLEWSKI) ★ [U C1–2]

Seit Ende des 16. Jhs. offizieller Sitz der polnischen Könige. Während der Belagerung Warschaus durch deutsche Truppen 1939 nach Bombentreffern ausgebrannt, 1944 von den

Dank seiner exponierten Lage trotz schlichter Fassade beeindruckend: das Königsschloss

Nazis gesprengt, bis 1984 aus Spenden der Bevölkerung wieder aufgebaut. Hinter schlichter Fassade verbergen sich schöne Räumlichkeiten, wie das Marmorzimmer, der Senatorensaal, wo am 3. Mai 1791 Europas erste moderne Verfassung verabschiedet wurde, die Kapelle und der Canaletto-Saal mit eindrucksvollen Warschau-Porträts des italienischen Malers. *Di–Sa 10–16, So 11–16 Uhr, letzter Einlass eine Stunde vor Ende | pl. Zamkowy 4 | www.zamek-krolewski.com.pl | Bus u. a. 180, 518 Plac Zamkowy*

KÖNIGSWEG (TRAKT KRÓLEWSKI) [U C1–5]

Diese Prachtroute verbindet die Königsresidenz Wilanów im Süden Warschaus mit dem königlichen Łazienki-Park und dem Königsschloss in der Altstadt. Besonders zu empfehlen ist der letzte Abschnitt, beginnend am *Drei-Kreuze-Platz Plac Trzech Krzyży* mit der Alexander-Kirche in der Mitte. Sie überqueren das *Rondo de Gaulle* (das gewaltige graue Gebäude rechts ist der ehemalige Sitz des Zentralkomitees der Kommunistischen Partei, nahebei das De-Gaulle-Denkmal) in Richtung *Nowy Świat*, Warschaus eleganter Flanier- und Einkaufsmeile. An ihrem Ende überqueren Sie die *ul. Świętokrzyska* und gelangen geradeaus gehend am klassizistischen Staszic-Palais, dem Sitz der Akademie der Wissenschaften und dem Kopernikus-Denkmal vorbei auf die Straße *Krakowskie Przedmieście:* auf der linken Seite die Heiligkreuzkirche, schräg gegenüber das Haupteingangstor zur Warschauer Universität. Weiter auf der rechten Seite stoßen Sie auf das Radziwiłł-Palais, den Wohn- und Amtssitz der polnischen Staatspräsidenten. Am Denkmal des Nationaldichters Adam Mickiewicz vorbei gelangen Sie auf den Schlossplatz *Plac Zamkowy* mit der Sigismundsäule zu Ehren des Königs Sigismund III. Wasa, der Warschau zur Hauptstadt Polens gemacht hat.

Eine der Stationen des Königsweges: die Polytechnische Universität

KULTURPALAST (PAŁAC KULTURY) ★ [U B4]

Fertiggestellt 1955 als Geschenk der Sowjetunion für Polen, galt er bis 1989 als sichtbarstes Symbol der Unterwerfung durch die Sowjets.

Mit 230 m bis zur Spitze ist er das höchste Haus Polens: 42 Etagen, 3288 Räume, 1 Mio. m³ umbauter Raum. Der Kulturpalast beherbergt u.a. Theater, Kinos, Ausstellungsräume und das Technikmuseum. Mit dem Lift gelangen Sie in die 30. Etage in 114 m Höhe mit herrlichem Rundblick auf Warschau. *Tgl. 9–20 Uhr | pl. Defilad 1 | www.pkin.pl | Metro Centrum*

ŁAZIENKI-PARK [U D–E6]

Der Bäderpark, Warschaus schönste und weitläufigste Parkanlage, wurde Ende des 18. Jhs. geschaffen. Sehenswert sind das Palais auf dem Wasser (Pałac na Wodzie), das Amphitheater auf der Insel (Teatr na Wyspie) und die alte Orangerie. Im Süden, am Ende der *al. Ujazdowskie*, wird der Park vom Belvedere-Palais begrenzt. Von Mitte Mai bis Ende September finden am Chopin-Denkmal jeden Sonntag um 12 und 16 Uhr Chopin-Konzerte unter freiem Himmel statt. *Eintritt frei | Bus u. a. 116, 166, 180, 195 Łazienki Królewskie*

Insider Tipp

>LOW BUDGET

- Die Warschauer Touristenkarte *(Warszawska Karta Turysty)* berechtigt zur Nutzung aller städtischen öffentlichen Verkehrsmittel und gewährt freien Eintritt in 27 Museen, Rabatte in einigen Sporteinrichtungen und Hotels. 24-Stunden-Karte 35 Zł., 72-Stunden-Karte 65 Zł., erhältlich in den Touristinformationen am Hauptbahnhof, am Flughafen, am Königsschloss und in einigen Hotels.
- Zentral liegt das *Hostel Helvetia* mit netten Wirtsleuten *(38 Betten | ul. Kopernika 36/40 |* [U C4] *| Tel./Fax 02 28 26 71 00 | www.hostel-helvetia.pl | ganzjährig | Bett im Schlafsaal 45 Zł. | Bus u.a. 175, 180, 518 Ordynacka).*
- Empfehlenswert sind die einfachen Milchbar-Kantinen „Bar mleczny" (Suppe, Hauptgang, Saft 8–15 Zł.). In der Innenstadt u.a.: *Pod Barbakanem | ul. Mostowa 27/29 |* [U B1]

MARIENSZTAT [U C2]

Insider Tipp

Gehen Sie vom Plac Zamkowy, direkt an der St.-Annen-Kirche, die Steintreppe herunter. Sie kommen auf die *ul. Nowy Zjazd*, an deren rechter Seite sich die malerische *Mariensztat* befindet, ein ruhiges Wohnviertel, dessen stiller Marktplatz durchaus an eine italienische Kleinstadt-Piazza erinnert, wo man in einem der Lokale eine Pause nach der Altstadtbesichtigung einlegen kann. *Bus u.a. 180, 518 Plac Zamkowy*

MUZEUM HISTORYCZNE WARSZAWY (STADTMUSEUM) [U C1]

Dokumentiert die Stadtgeschichte. Di–Sa wird um 12 Uhr im Museumskino ein Dokumentarfilm (auf Englisch) über die Zerstörung Warschaus vorgeführt, der auch die große Wiederaufbauleistung nachvollziehbar macht (deutsche Fassung auf Anfrage). *Di/Do 11–18, Mi/Fr 10–18, Sa/So 10.30–16.30 Uhr | Rynek Starego Miasta 28–42 | www.mhw.pl | Bus u.a. 180, 518 Plac Zamkowy*

MUZEUM KATYŃSKIE (KATYŃ-MUSEUM) [O]

Eine ergreifende Darstellung des Schicksals von über 20000 polnischen Armeeoffizieren, Polizei- und Grenzschutzbeamten, die 1940 in Katyń und an einigen anderen Orten der ehemaligen UdSSR von den Sowjets umgebracht wurden. *Mi–So 10–16 Uhr, 15. Mai–30. Sept. 11–17 Uhr | ul. Powsińska 13 | Fort Sadyba | Bus 180 Sadyba*

MUZEUM KOLEKCJI IM. JANA PAWŁA II (SAMMLUNG JOHANNES PAUL II.) [U A2]
Eine bedeutende Sammlung europäischer Kunst, dem verstorbenen polnischen Papst gewidmet. Malerei u. a. von Albrecht Dürer, Anthonis van Dyck, Francisco José de Goya y Lucientes und Tizian. *Di–Fr 10–16, Sa/So 10–18 Uhr | pl. Bankowy 1 | www.muzeummalarstwa.pl | Metro Plac Bankowy*

MUZEUM NARODOWE (NATIONALMUSEUM) [U D4]
Große Sammlungen klassischer italienischer und holländischer Malerei, dazu eine bedeutende und interessante Auswahl der Werke polnischer Maler u. v. m. *Di/Mi, Fr–So 10–16, Do 10–18 Uhr | al. Jerozolimskie 3 | www.mnw.art.pl | Bus u. a. 180, 518 Foksal*

Im Nationalmuseum: „Die Schlacht bei Tannenberg", 1878 von Jan Matejko nachempfunden

MUZEUM PLAKATU (PLAKATMUSEUM) [O] Insider Tipp
Der alte Rennstall Ujeżdżalnia auf dem Schlossgelände in Wilanów beherbergt Europas erstes und größtes Museum der Plakatkunst (55000 Werke), die polnische Grafiker und Maler in der zweiten Hälfte des 20. Jhs. wesentlich mitgeprägt haben. *Di–So 10–16 (Mai–Sept. 10–17), Mo 12–16*

Uhr | ul. St. Kostki Potockiego 10/16 | www.postermuseum.pl | Bus u. a. 180 Wilanów

MUZEUM POWSTANIA WARSZAWSKIEGO (MUSEUM DES WARSCHAUER AUFSTANDES) ★ [O]

Alte Radiosendungen, Fotos, Filmaufnahmen, Interviews und moderne Simulationen vermitteln einen Eindruck von dem 63 Tage dauernden Aufstand der polnischen (Untergrund-)Heimatarmee (AK) gegen die Nazi-Herrschaft im Spätsommer 1944. 200000 Warschauer kamen ums Leben, die Stadt wurde völlig zerstört. *Mo, Mi, Fr 8–18, Do 8–20, Sa/So 10–18 Uhr, Di geschl. | ul. Przyokopowa 28 | www.1944.pl | Bus 106, 155 bzw. Straßenbahn 24 Muzeum Powstania Warszawskiego*

WILANÓW [O]

Seit Ende des 17. Jhs. Sommerresidenz der polnischen Könige, 10 km südlich vom Zentrum. Schön ausgestattete königliche Wohnräume, eine wertvolle Sammlung polnischer und europäischer Malerei. Umgeben von einem 43 ha großen Park mit Teehaus, Orangerie, Rosengarten, geometrisch angelegten Rasenflächen, schmucken Brunnen und schönen Skulpturen. *Schloss: Mai–Mitte Sept. Mo/Mi 9–18, Do/Fr 9–16, Sa 10–16, So 9–18 Uhr, Mitte Sept.–April So–Fr 9–16, Sa 10–16 Uhr, letzter Einlass 1 Std. vor Ende. Park: ganzjährig 9 Uhr bis zur Dämmerung (5 Zł.) | ul. St. Kostki Potockiego 10/16 | www.wilanow-palac.art.pl | Bus u.a. 116, 117, 180, 519 Wilanów*

ESSEN & TRINKEN

BIOSFERA [O] Insider Tipp

Vegetarisches, serviert in angenehmem Ambiente. Schöner Innenhof. Kein Alkohol. *al. Niepodległości 80 | Tel. 02 28 98 01 55 | www.biosfera.com | Metro Racławicka | €*

CAFÉ BLIKLE [U C4]

Berühmte Konditorei und Café mit selbst gemachten Pralinen und Tor-

Der Barockgarten mit seinen modellierten Bosketten ist nur ein Teil des Parks von Wilanów

ten, seit 150 Jahren in der vornehmen Straße *Nowy Świat 35 | www.blikle.pl | Bus u. a. 180, 518 Foksal* | €€

DOM POLSKI [O]

Das „Polnische Haus" liegt auf dem östlichen Weichselufer: polnisches Essen der Superlative, von Diplomaten und Geschäftsleuten gern besucht. Schöner Garten. *ul. Francuska 11 | Tel. 02 26 16 24 32 | www.restauracjadompolski.pl | Busse 117, 138, 146, 147 Obrońców* | €€€

FOLK GOSPODA [U A4]

Das wohl beste Lokal unter den inzwischen sehr beliebten rustikalen Restaurants mit deftiger polnischer Küche. Folk-Livemusik, Gartenterrasse. *ul. Waliców 13/Ecke Grzybowska | Tel. 02 28 90 16 05 | www.folkgospoda.pl | Bus 106, 155 Mennica* | €€

PIEROGARNIA [U C2]

Knapp zwei Dutzend verschiedene Maultaschen-Sorten stehen auf der Speisekarte dieses unweit vom Königsweg malerisch gelegenen Lokals. *ul. Bednarska 28/30 | Tel. 02 28 28 03 92 | Bus u. a. 116, 122, 174 Hotel Bristol* | €

STARA SZAFA [U E5]

Der „Alte Schrank" ist ein altmodisch eingerichtetes Restaurant mit guter polnischer Küche für diejenigen, die nicht unbedingt Deftiges bevorzugen. *ul. Ludna 10a | Tel. 02 26 22 48 12 | www.staraszafa.pl | Bus 101 Czerniakowska* | €€

EINKAUFEN

Am Kulturpalast und Zentralbahnhof befindet sich das Einkaufszentrum „Goldene Terrassen" *Złote Tarasy (Mo–Sa 10–22, So 10–20 Uhr |* [U B5] *| www.zlotetarasy.pl | Metro Centrum)* mit 230 Läden, wo alle erdenklichen Marken zu finden sind.

Wer in Warschau einkaufen möchte, der ist in der *ul. Chmielna* [U C4] richtig, einer Fußgängerstraße, in der in den letzten Jahren viele Boutiquen aufgemacht haben. Im Sommer kann man sich in kleinen Straßencafés vom Shopping erholen. Als Einkaufsstraßen zu empfehlen sind zudem die *ul. Mokotowska* [U C5–6] *(Bus 180, 518 Plac Trzech Krzyży)* und die *ul. Nowy Świat* [U C4] *(Bus u. a. 175, 180, 518 Nowy Świat)*, wo man auch in den Innenhöfen interessante Entdeckungen machen kann.

Wer nach typisch Polnischem sucht, findet es in den Volkskunstläden *Cepelia (u. a. ul. Marszałkowska 99/101 |* [U C5] *| www.cepelia.pl | Metro Centrum,)*. Hübsches polnisches Glas und Geschirr führt *Banasik* in seinem Sortiment *(ul. Piękna 28/34 |* [U C6] *| Metro Politechnika)*.

Schöne Lederwaren bieten der Familienbetrieb *Batycki (ul. Zgoda 9 | [U C4] | www.batycki.pl | Metro Centrum)* und die Firma *Wittchen (ul. Marszlkowska 72 | [U C5] | www.wittchen.pl | Metro Centrum)* an. Interessanten modernen Silberschmuck bekommt man in der *Galeria Milano (Rondo Waszyngtona | [0] | Bus u.a. 101, 102, 117, 512)*.

Am Wochenende lohnt es sich, vormittags einen Ausflug auf den Trödelmarkt *Giełda staroci* im Stadtteil Koło zu unternehmen. Man sollte jedoch genau hinschauen, denn es gibt auch viel Nachgemachtes. Feilschen ist in jedem Fall erlaubt. *Sa/So 7–13 Uhr | ul. Obozowa, Ecke ul. Ciołka | [0] | Bus 129, 159, 167 Dalbora*

ÜBERNACHTEN

Das Nächtigen in Warschauer Hotels ist teuer, doch es gibt immer wieder Sonderangebote, vor allem an Wochenenden.

BRISTOL [U D4]

Großes Hotel der absoluten Luxusklasse. *155 Zi., 43 Apt. | ul. Krakowskie Przedmieście 13 | Tel. 02 25 51 10 00 | Fax 02 26 25 25 77 | www.lemeridien-bristol.com | Bus u.a. 116, 122, 175 Hotel Bristol* | €€€

DEDEK PARK [U F2]

Ruhiges, angenehmes Hotel im Westentaschenformat im Grünen, guter Komfort in Zentrumsnähe auf dem östlichen Weichselufer in Praga. *15 Zi. | al. Zieleniecka 6/8 | Tel. 02 26 19 77 81 | Fax 02 26 19 45 18 | www.dedek.pl | Tram 7, 8, 25 Zieleniecka* | €€

HARENDA [U C3]

Eine sympathische Unterkunft am Königsweg, unweit der Altstadt. *43 Zi. | ul. Krakowskie Przedmieście 4/6 | Tel. 02 28 26 00 71 | Fax 02 28 26 26 25 | www.hotelharenda.com.pl | Bus u.a. 116, 122, 175, 180 Uniwersytet* | €€

MARIA [0]

Nette Atmosphäre, abseits vom Zentrum, aber mit guter Verkehrsanbindung. Spa-Bereich. *24 Zi. | al. Jana Pawla II 71 | Tel. 02 28 38 40 62 | Fax 02 28 38 38 40 | www.hotelmaria.pl | Bus 500, 510 Rondo Radosława–Babka* | €€

MAZOWIECKI [U C3]

Ein ehemaliges Armeehotel – einfach, sauber und in zentraler Lage. *56 Zi. | ul. Mazowiecka 10 | Tel. 02 28 27 23 65 | Fax 02 26 87 91 17 | www.hotelbelwederski.pl | Bus 175 Ordynacka* | €

POLONIA PALACE [U C5]

Luxuriöses Haus im Stil des eleganten Warschau der 30er-Jahre in zentraler Lage. *206 Zi. | al. Jerozolimskie 45 | Tel. 02 23 18 28 00 | Fax 02 23 18 28 01 | www.poloniapalace.com | Metro Centrum* | €€€

AM ABEND

Für angenehmes Durststillen empfehlen sich entweder die gemütliche *Piano Bar (tgl. 17–3 Uhr | ul. Chmielna 15 | [U C4] | Metro Centrum)* oder die elegante irische Kellerbar *Below (tgl. 17–3 Uhr | ul. Marszałkowska 64 | [U C5] | Tram 2, 4, 15, 18, 35, 36 ul. Wilcza)*. Wer Wein mag, geht ins *La Bodega (tgl. 10–24 Uhr |*

Lese- und Kaffeegenuss unter einem Dach – in Warschau nichts Ungewöhnliches

ul. Mokotowska 64 | [U D5] | *Bus 180, 518 Plac Trzech Krzyży)*. Für Jazzfreunde ist das ▸▸ *Tygmont* ein absolutes Muss, täglich ab 18 Uhr gibt es hier ein bis zwei gute Livekonzerte *(tgl. 12–4 Uhr | ul. Mazowiecka 6/8 | [U C3] | www.tygmont.com.pl | Metro Świętokrzyska)*.

Junges Publikum aus dem Studenten- und Künstlermilieu tanzt in der im Stil der kommunistischen Propaganda eingerichteten *Klubokawiarnia (Di–So 22–6 Uhr | ul. Czackiego 8 | [U C3] | www.klubokawiarnia.pl | Metro Świętokrzyska)*, Fans elektronischer Klänge (Vocal House, Electro, Konzerte, DJ-Abende) verkehren im phantasievoll eingerichteten ▸▸ *Club Bazaar (tgl. 18–4 Uhr | ul. Jasna 13 | [U C4] | www.clubbazaar.pl | Metro Świętokrzyska)*. Der Szeneclub Warschaus heißt ▸▸ *Piekarnia*. Internationale DJs legen in einer kleinen Nebenstraße unweit des Powázki-Friedhofes Platten auf. Bevorzugte Musikrichtung House: und Electro *(Di–So 22–6 Uhr | ul. Młocińska 11 | [0] | www.pieksa.pl | Tram 1, 2, 16 Rondo Radosława)*.

Kulturinteressierte sollten unbedingt in die „Schilfrohrfabrik", ins ▸▸ *Art Center Fabryka Trzciny* im Stadtteil Praga schauen, wo es in einem alten Fabrikgebäude viel Jazz, Rock, Theater und Ausstellungen gibt *(ul. Otwocka 14 | [0] | Restaurant tgl. 12–2 Uhr | Programm unter www.fabrykatrzciny.pl | Bus 138, 170, 307 Naczelnikowska)*.

Den Liebhabern des Musicals und des Revuetheaters seien das *Teatr Muzyczny Roma (ul. Nowogrodzka 49 | [U B5] | Tel. 02 26 28 89 98 | www.teatrroma.pl | Metro Centrum)*, das *Teatr Studio Buffo (ul. Marii Konopnickiej 6 | [U D5] | Tel. 02 26 22 63 93 | www.studiobuffo.com.pl | Bus 180, 518 Plac Trzech

Krzyży) und das *Teatr Sabat (ul. Foksal 16 | [U C4] | Tel. 022 8 26 23 55 | www.teatr-sabat.pl | Bus u.a. 180, 518 Foksal)* empfohlen.

Freunde der klassischen Musik kommen auf ihre Kosten in der Nationalphilharmonie, *Filharmonia Narodowa (ul. Jasna 5 | [U B4] | Tel. 02 25 51 71 11 | www.filharmonia.pl | Metro Centrum)* und im „Großen Theater" *Teatr Wielki*, wie die Warschauer Oper offiziell heißt *(Sept. bis Juni Di–So | pl. Teatralny 1 | [U B2] | Tel. 02 26 92 02 00 | www.teatrwielki.pl | Metro Ratusz)*.

AUSKUNFT

TOURISTENINFORMATION [U C2]

ul. Krakowskie Przedmieście 89 | Ecke Plac Zamkowy (am Königsschloss) | Tel. 02 26 35 18 81 | www.wcit.waw.pl

ZIELE IN DER UMGEBUNG

KAMPINOSKI-NATURPARK [130 C6]

Ein 400 km² großes Waldgebiet, durchbrochen von Torfwiesen, Mooren und Dünen. Man kann eine Wanderung durch diese Landschaft unternehmen vom Dorf *Truskaw* aus (von Warschau mit dem Bus 708 zu erreichen). An schönen Sonn- und Feiertagen sind manche der Wanderpfade sehr überlaufen, an Werktagen trifft man nur wenige Wanderer.

KAZIMIERZ DOLNY [139 E4]

140 km südlich von Warschau liegt dieses Renaissancestädtchen (4000 Ew.). Der Marktplatz mit den reich verzierten Patrizierhäusern, die Pfarrkirche, das auf der malerischen Anhöhe gebaute Kloster und die unweit des Flussufers stehenden Speicher legen Zeugnis ab von der einstigen Bedeutung der Stadt. Brauereien und Getreide, das man hier zwischenlagerte, bevor es auf der Weichsel nach Danzig befördert wurde, machten die Stadt im 16. Jh. reich. Maler, Schriftsteller und Dichter haben sich seither von der Lage des Ortes inspirieren lassen. Inzwischen lebt die Stadt vom Tourismus. Übernachten und speisen können Sie im Hotel *Stara Łaźnia („Altes Bad" | 6 Zi. | ul. Senatorska 21 | Tel. 081 8 82 13 40 | €)* oder im Hotel *Król Kazimierz (115 Zi. | ul. Puławska 86 | Tel. 08 18 80 99 99 | Fax 081 8 80 98 98 | www.krolkazimierz.pl | €€)*.

ŁÓDŹ ★ [134 B1]

Polens zweitgrößte Stadt (760 000 Ew.) liegt 135 km südwestlich von Warschau und wird oft das „Manchester des Ostens" genannt. Den aristokratischen Lebensstil der einstigen Textilmagnaten kann man im Palais des jüdischen Großunternehmers Izrael Kalmanowitsch Poznański nachvollziehen, in dem sich heute das *Łódzer Stadtmuseum (Sa–Mo 10–14, Di, Do 10–16, Mi 14–18 Uhr | ul. Ogrodowa 5)* befindet. Hier ehrt die Stadt u.a. den in Łódź geborenen großen Pianisten Artur Rubinstein. Poznańskis riesiges Fabrikgelände gleich nebenan wurde vorbildlich saniert und in das Kultur- und Handelszentrum *Manufaktura (ul. Ogrodowa 17)* verwandelt. Im einstigen Firmengebäude (Weiße Fabrik) Ludwig Geyers, eines deutschen Fabrikanten, kann man das *Textilmuseum (Di/Mi, Fr 9–17, Do 11–19, Sa/So 11–16 Uhr | ul. Piotrkowska 282)* besichtigen. Sehenswert ist auch das *Muzeum Sztuki*, Polens bedeutendstes Museum für moderne Kunst *(Di 10–17, Mi, Fr 11–17, Do 12–19, Sa/So 10–16 Uhr | ul. Więckowskiego 36)* mit Werken von Picasso, Chagall, Léger, Nolde.

Der *jüdische Friedhof (ul. Bracka 5 | Eintritt 5 Zł. | www.cmentarz.mm.com.pl)* ist der größte Europas. Hier ruht u a. in einem gewaltigen Mausoleum Izrael Poznański, hier sind Zehntausende im Getto von Litzmannstadt – wie die Nationalsozialisten Łódź 1940 umtauften – verstorbene Juden begraben. Weitere ca. 200 000 wurden im nahen Vernichtungslager Kulmhof (Chełmno nad Nerem) umgebracht. Am ehemaligen *Bahnhof Radegast (Radogoszcz | ul. Stalowa)*, von dem die Menschen damals abtransportiert wurden, hat die Stadt eine beeindruckende Gedenkstätte errichtet.

Übernachtungsmöglichkeiten finden Sie im traditionsreichen *Hotel Orbis Grand (161 Zi. | ul. Piotrkowska 72 | Tel. 04 26 33 99 20 | Fax 042 6 33 78 76 | rez.logrand@orbis.pl | €€)* oder nebenan, etwas schlichter, im *Hotel Savoy (60 Zi. | ul. Traugutta 6 | Tel. 04 26 32 93 60 | Fax 042 6 32 93 68 | www.hotelspt.com.pl | €)*.

Im schachbrettartig angelegten Straßennetz des Zentrums findet man keinen Marktplatz, dafür aber die gut 4 km lange *ul. Piotrkowska*, Polens längste Einkaufsstraße und Mittelpunkt der Stadt. Hier finden Sie, um nur einige zu nennen, unter Nr. 12 das auf polnische Küche spezialisierte *Restauracja Polska (Tel. 04 26 33 83 45 | www.restauracjapolska.net1.pl | €€)*, unter Nr. 17 den ▶▶ *Jazzga Jazz Club*, unter Nr. 77 die *Disko Pod Siódemkami*, unter Nr. 102 den Künstlerpub ▶▶ *Łódź Kaliska* und unter Nr. 113 das *Café Verte.*

Touristinformation: *ul. Piotrkowska 87 | Tel. 04 26 38 59 55| Fax 04 26 38 59 55 | www.cityoflodz.pl*

Auf der ul. Piotrkowska in Łódź steht das Bronzedenkmal für Artur Rubinstein (1886–1982)

ŁOWICZ [134 B1]

Die Stadt (30000 Ew.) liegt knapp 90 km südwestlich von Warschau und ist ein lebendiges Zentrum polnischer Folklore. Gegenüber der Kathedrale befindet sich das *Regionalmuseum (Di–So 10–16 Uhr | Stary Rynek 5/7 | www.muzeum.low.pl)* mit einer Sammlung der Volkskunst des Łowiczer Landes und zwei nachgebauten Bauernhöfen im Hof. Wer an Fronleichnam in Warschau ist, sollte nach Łowicz fahren, um die berühmte Trachtenprozession mitzuerleben. Einfache, aber gepflegte Unterkunft finden Sie im *Hotel Zacisze (35 Zi. | ul. Kaliska 5 | Tel. 04 68 37 62 44 | Fax 04 68 37 33 26 | €).*

NIEBORÓW [134 B1]

Etwa 10 km südlich von Łowicz kann man eines der schönsten Adelsschlösser Polens besichtigen. Vom berühmten holländischen Barockarchitekten Tilman van Gameren entworfen, gehörte Nieborów der Familie Radziwiłł und beherbergt heute eine reiche Kunstsammlung. Hinter dem Schloss erstreckt sich ein gepflegter französischer Park. *März/April, Okt. Di–So 10–16, Ende April–Juni tgl. 10–18, Juli–Sept. Mo–Fr 10–16, Sa/So 10 bis 18 Uhr | Eintritt 15 Zł.| www.nieborow.art.pl*

Nur 6 km weiter hat die Fürstin Helena Radziwiłł viel Geld in Landschaftsarchitektur ganz besonderer

> BÜCHER & FILME

Aufbruch aus traditionellen Formen und Inhalten

> **Fräulein Niemand** – Der Roman von Tomek Tryzna war in den 1990ern eine literarische Sensation – er stellt darin in eindringlichen Bildern die Gesellschaft im Umbruch nach der 89er-Wende dar.

> **Ur- und andere Zeiten** – In ihren versponnenen, traumähnlichen Romanen verbindet Olga Tokarczuk Gesellschaftskritik mit einem hohen künstlerischen Anspruch.

> **Die Reiherkönigin. Ein Rap** – Die bekannteste Gegenwartsautorin ist die junge avantgardistische Literatur-Rapperin Dorota Masłowska.

> **Eine Liebe in Deutschland/Hitlerjunge Salomon** – Internationale Beachtung fand der polnische Film, als bedeutende Regisseure während des Kriegsrechts ins Ausland gingen: Andrzej Wajda drehte z. B. den preisgekrönten Film *Eine Liebe in Deutschland.* Agnieszka Holland löste mit *Hitlerjunge Salomon* eine lebhafte Diskussion aus.

> **Das doppelte Leben der Veronique** – In den 1990er-Jahren machte Krzysztof Kieślowski mit seinen Filmen wie z. B. dem hier genannten und der Trilogie *Blau, Weiß, Rot* Furore.

> **Edi/Recycled** – Nach der Wende brach die polnische Filmkunst ein. Doch die alte Garde füllte mit aufwendigen Verfilmungen der Nationalliteratur die Kinosäle. Inzwischen haben sich aber junge Filmemacher wie Piotr Trzaskalski mit seinem Film *Edi* erfolgreich zu Wort gemeldet. Sławomir Fabicki wurde vor allem durch seine Kurzfilme bekannt und brachte 2006 seinen ersten Spielfilm *Recycled* in die Kinos.

der pp Art investiert. *Arkadia* heißt die zwischen Łowicz und Nieborów gelegene, kunstvoll inszenierte Parklandschaft. *10 Uhr bis zur Dämmerung | Eintritt 6 Zł.*

PŁOCK **[130 B5]**

Eine schöne Strecke (ca. 100 km) an der Weichsel führt von Warschau nach Płock (130000 Ew.). Interessant ist hier vor allem der Dom- und Burghügel mit dem *Masowischen Museum (Muzeum Mazowieckie, Mitte April–Mitte Okt. Mo–Fr 9–16.30 Sa/So 9–17, Mitte Okt.–Mitte April Di–So 9–16 Uhr | Eintritt 12 Zł. | www.muzeumplock.art.pl)*. Beeindruckend ist hier die gut 6000 Objekte umfassende Jugendstilsammlung. Preiswerte und bequeme Unterkunft bietet das *Hotel Płock (59 Zi. | ul. Jachowicza 38 | Tel. 02 42 62 93 93 | Fax 02 42 68 54 77 | www.hplock.plocman.pl | €).*

PUSZCZA BIAŁOWIEŻA ★ **[131 F5]**

Etwa 200 km nordöstlich von Warschau erstreckt sich das größte Urwaldgebiet Mitteleuropas. Von der 1250 km² umfassenden Puszcza Białowieża befinden sich gut 270 km² auf polnischer, der Rest auf weißrussischer Seite der Grenze. Gut ein Fünftel des polnischen Teils sind Primärwälder, die niemals von Menschenhand verändert wurden. Gut 160 Baum- und Sträucherarten und 1000 Pilzarten wachsen hier. Im Urwald leben u.a. rückgezüchtete Tarpan-Wildpferde und die kurz vor dem Aussterben geretteten Wisente.

Den Nationalpark darf man nur in Begleitung eines Fremdenführers betreten. Die Route (auch deutschsprachige Führungen) beginnt und endet im 1 km langen Holzhäuser-Dorf *Białowieża* mitten im Urwald *(PTTK Białowieża | ul. Kolejowa 17 | Tel. 08 56 81 22 95 | www.bpn.com.pl).*

Der Rote Salon im Schloss von Nieborów

Das *Białowieża Museum (Muzeum Przyrodniczo-Leśne | Di–So 9 bis 15.30, Juni–Sept. 9–16 Uhr | Park Pałacowy 38)* gibt Auskunft über die Fauna und Flora des Urwaldes. Unterkunft im *Hotel Białowieski (64 Zi. | ul. Waszkiewicza 218B | Tel. 08 56 81 20 22 | Fax 08 57 44 45 34 | www.hotel.bialowieza.pl | €€).*

ŻELAZOWA WOLA **[130 B6]**

60 km westlich von Warschau wurde in diesem Ort der Komponist Fryderyk Chopin (1810–49) geboren. Im Sommer, bei gutem Wetter, lohnt es sich, eine Besichtigung des *Geburtshauses (Di–So 9–17, Winter 9.30–16 Uhr)* mit dem Besuch eines Chopin-Konzerts *(Mai–Sept. So 12 u. 15 Uhr)* im Park des Hauses zu verbinden.

> HEIMAT VON POLEN UND DEUTSCHEN

Das Land an der mittleren Oder bezaubert durch seine Naturschönheiten und ist eine kulturelle Fundgrube

> Die Natur, aber auch die deutsche und die polnische Kulturtradition haben in Schlesien, dem Land beiderseits der oberen und mittleren Oder, eine ganz besondere ästhetische und geistige Aura verliehen. Nach 1945 wurde aus dem deutschen Schlesien das polnische Śląsk. Moderne Industrie, eine gut entwickelte mittelständische Landwirtschaft und der Tourismus prägen heute zu gleichen Teilen das Leben dieses Gebietes, das zu den wohlhabendsten in Polen zählt.

Bild: Gipfel der Schneekoppe

Eine abwechslungsreiche Landschaft eröffnet sich hier den Besuchern: Hochmoore, jahrhundertealte Eichen- und Buchenwälder, die Höhen des Eulen-, Glatzer- und Altvatergebirges, die karge Bergwelt der Schneekoppe, der höchsten Erhebung des Riesengebirges.

Im Sommer bevölkern Scharen von Wanderern die Bergzüge im Süden der Region. Im Winter werden sie von Skifahrern abgelöst. Sie alle

SCHLESIEN

zieht der Zauber des Riesengebirges und der Beskiden an, die guten und preiswerten Unterkünfte, das herzhafte Essen. Kulturinteressierte finden auf Schritt und Tritt wunderbare Barock-Architektur, viele Kleinode der Holzbauweise, interessante Museen.

Das Herz der technikbegeisterten Besucher schlägt höher bei der Besichtigung von Papiermühlen, Glasbläsereien und anderen alten Industrieanlagen, die man hier zu Turismuszwecken betreibt. Erholung bieten die bekannten schlesischen Kurorte, wie Bad Kudowa oder Bad Altheide. Das sind die Vorzüge Niederschlesiens, das von der deutschen Grenze bis hinter Wrocław (Breslau) reicht.

Wer ostwärts weiterfährt und ins Oppelner Schlesien kommt, begegnet der einige Hunderttausend Menschen zählenden deutschen Minderheit.

Spätestens bei Bytom (Beuthen) ist man dann in Oberschlesien, dem Land der Steinkohle und der rauchenden Schlote, das sich bis hinter Katowice (Kattowitz) erstreckt.

Sorgfältig restaurierte Fassaden und Giebel in Hirschberg

JELENIA GÓRA (HIRSCHBERG)

[140 A–B3] **Am Fuße des Riesengebirges gelegen, schmiegt sich die 92000 Ew. zählende Stadt in eine Gabelung der Flüsse Bóbr (Bober) und Kamienna (Zacken).** Auf dem schönen Marktplatz, rund um das barocke Rathaus und den Neptunbrunnen, haben sich unter den Bögen der Laubenhäuser Läden, Cafés und Restaurants eingemietet. Gleich nebenan prägt der Glockenturm der katholischen *Pfarrkirche St. Erasmus und Pankratius*, mit der zweitgrößten Orgel Schlesiens und einem kostbaren Hochaltar aus dem 18. Jh., das Stadtbild. Sehenswert ist das *Muzeum Karkonoskie* (ehem. Sudetenmuseum) mit Exponaten zur Geschichte, Kunst und Folklore des Riesengebirges *(Di–Fr 9–16, Sa/So 9–17 Uhr | ul. Jana Matejki 28)*.

Übernachtungsmöglichkeit im *Hotel Mercure (188 Zi. ul. Sudecka 63 | Tel. 07 57 54 91 48 | Fax 07 57 52 62 66 | www.mercure.com | €€)*. Touristeninformation: *ul. Bankowa 27 | Tel. 07 57 67 69 25 | Fax 07 57 67 69 35 | www.jeleniagora.pl*

ZIELE IN DER UMGEBUNG

FRIEDENSKIRCHEN ★

Es lohnt sich, von Jelenia Góra aus einen Ausflug den beiden Kleinoden Schlesiens, den Friedenskirchen in

Jawor (Jauer, ca. 40 km nordöstlich, [140 C2]) und Świdnica (Schweidnitz, 65 km östlich, [141 D3]), zu widmen. Gemäß der im Westfälischen Frieden von 1648 zugestandenen Religionsfreiheit erlaubten die habsburgischen Kaiser ihren protestantischen Untertanen in Schlesien den Bau von drei Kirchen. Diese mussten außerhalb der Stadt liegen, aus Holz, Lehm, Sand und Stroh errichtet sein, sie durften keine Türme und Glocken haben, die Bauzeit durfte nur ein Jahr dauern. Die Kirche in Głogów (Glogau) brannte nach einiger Zeit ab. Die beiden erhaltenen in *Jawor (pl. Pokoju 2)* und in *Świdnica (pl. Pokoju 6)* – die größte Holzkirche Europas – beeindrucken vor allem durch den Gegensatz zwischen dem bescheidenen Äußeren und der für protestantische Gotteshäuser sehr untypischen prächtigen Ausschmückung mit Gold und Malereien im Inneren. Sie gehören zum Unesco-Weltkulturerbe. *Beide Kirchen Mo–Sa 9–13, 15–18, So 15–18 Uhr, Nov.–März nur nach tel. Anmeldung | Tel. 07 48 52 28 14*

Legen Sie in Świdnica eine gemütliche Kaffeepause in einem einmaligen Ambiente ein. Nahe der Kirche liegt das *Cafe 7* *(pl. Pokoju 7 | www.cafe7.s-ca.pl)*, das in einem alten Speicher mit schönen Bilderausstellungen und einem gemütlichen Kaminfeuer untergebracht ist.

KOTLINA JELENIOGÓRSKA (HIRSCHBERGER TAL) [140 B3]

Das malerische Vorland des Riesengebirges (273 km² Fläche) bezaubert vor allem durch unvergleichliche Aussichten auf die Berge. Zahlreiche preußische Adelsfamilien haben hier im 19. Jh. Burgen, Schlösser, Herrenhäuser, Landsitze gekauft oder durch renommierte Architekten wie Karl Friedrich Schinkel oder Joseph Lenné bauen lassen. Etwa vierzig von ihnen sind, teils renoviert, teils im verfallenen Zustand zu besichtigen, u. a. die malerische Burgruine *Chojnik (Kynast)* oder das schön sanierte *Schloss Wojanów (Schildau)*. Einblicke ins ehemalige Landleben bietet *Schloss Lomnitz,* das von der Familie von Küster wieder aufgebaut wurde. Mit dabei der historische Bauernhof, ein Museum, ein Hotelrestaurant *(www.schloss-lomnitz.de)*. Eine Schlössertour durchs Tal verschafft bleibende Eindrücke (Infos im Touristbüro).

KRZESZÓW (GRÜSSAU) ★ [140 B4]

Die Klosteranlage der Benediktiner (später Zisterzienser) aus dem 13. Jh., 40 km südöstl. von Jelenia Góra, wird von der zweitürmigen *Abteikirche* aus

MARCO POLO HIGHLIGHTS

★ **Friedenskirchen**
Überwältigend ist vor allem Europas größte Holzkirche in Świdnica (Seite 74)

★ **Śnieżka (Schneekoppe)**
Von der Spitze bis nach Wien und Prag schauen (Seite 80)

★ **Krzeszów (Grüssau)**
Das Kloster ist einer der schönsten spätbarocken Bauten in Polen (Seite 75)

★ **Rynek (Marktplatz)**
Breslaus Mittelpunkt beeindruckt durch Größe und Lebendigkeit (Seite 82)

dem 18. Jh. überragt, deren prachtvolles Äußeres dem beeindruckenden Inneren mit üppigen Stuckdekorationen, Fresken, Altären, dem Chorgestühl und der Orgel entspricht. In der Fürstenkapelle ruhen die Schweidnitzer Piasten. Ebenso begeistert die kleine *St.-Josephskirche* nebenan, wo Michael Willmann um 1695 einen großartigen Freskenzyklus schuf.

KRZYŻOWA (KREISAU) [141 D3]

Im Sitz der Familie Moltke (65 km östlich) wo sich der Kreisauer Kreis (Ausstellung dazu im Haupthaus, *tgl. 9–16 Uhr*) traf und den Sturz Hitlers plante, befindet sich heute eine *Jugendbegegnungsstätte (71 Zi. | Krzyżowa 7 | Grodziszcze | Tel. 074 8 50 03 00 | Fax 074 8 50 03 05 | www.krzyzowa.org.pl | €€)*, in der jedermann übernachten kann.

KSIĄŻ (FÜRSTENSTEIN) [140 C3]

Das größte schlesische Schloss, umgeben von malerischer Parklandschaft, liegt 55 km östlich von Jelenia Góra. Es entstand im 13. Jh. und war ursprünglich eine Burg. Im 18. Jh. wurde es zur Residenz der Familie Hochberg umgebaut und seitdem immer wieder erweitert. 415 Säle gibt es; der prunkvolle Maximiliansaal im Stil des Wiener Barock gehört zu den schönsten. Einen kurzen Abstecher wert ist das Staatsgestüt am Fuße des Schlosses. Die Pferde stehen dort in Ställen, deren Wände mit Porzellankacheln ausgelegt sind. *Schloss: im Sommer Di–Fr 10–17, Sa/So 10–18 Uhr, Nachsaison 2 Std. kürzer | ul. Piastów Śląskich 4 | Wałbrzych*

KŁODZKO (GLATZ)

[141 D5] **Die 30 000 Ew. zählende Stadt an der Glatzer Neiße (Nysa Kłodzka) ist vor allem durch ihre gotische Steinbrücke aus dem 14. Jh. berühmt, die mit ihren barocken Skulpturen auf der Brüstung**

Ein Schloss voller prunkvoller Säle wie diesem: Fürstenstein

wie eine Miniaturausgabe der Prager Karlsbrücke wirkt. Gehen Sie über die Brücke Richtung Innenstadt zur Franziskanerkirche und weiter zum Markt mit dem wuchtigen Rathaus und dem barocken Löwenbrunnen. Von hier ist es nicht mehr weit zur *Festung*, die Friedrich II. bauen ließ und die nicht einmal von Napoleon erobert werden konnte. Heute kann man hier die Bastionen und unterirdische Anlagen besichtigen. *April–Okt. tgl. 9 bis 18, Nov.–März 9–16 Uhr | ul. Grodzisko 1*

ZIEL IN DER UMGEBUNG

GLATZER BERGLAND

Berühmt vor allem durch seine größte Erhebung, den 1425 m hohen *Śnieżnik (Glatzer Schneeberg)* und bekannte Kurorte: *Polanica Zdrój (Bad Altheide)* [141 D5], *Duszniki Zdrój (Bad Reinerz)* [140 C5] und *Kudowa Zdrój (Bad Kudowa)* [140 C5], die Polens größte Mineral- und Heilwasservorkommen nutzen. Alle drei Orte haben elegante Trinkhallen, gepflegte Parkanlagen und immer mehr hervorragend renovierte alte Gebäude. Kudowa verfügt zudem über ein *Aquapark* genanntes Spaßbad *(tgl. 9–21 Uhr | 1 Std. je nach Tageszeit 8,50–11 Zł. | ul. Moniuszki 2 a).*

Insider Tipp Angenehm übernachten kann man in der renovierten *Villa Alexandra (19 Zi. | ul. Piastowska 3 | Polanica Zdrój | Tel. 07 48 69 05 81 | Fax 07 48 69 05 91 | www.villa-alexandra.pl | €)* oder im *Hotel Muza (20 Zi. | ul. Wojska Polskiego 31 | Duszniki Zdrój | Tel. 074 8 66 84 00 | Fax 07 48 66 93 30 | www.hotelmuza.pl | €).* Schmackhafte Hausmannskost serviert das *Restauracja Zdrojowa (ul. Parkowa 2 | Polanica Zdrój | Tel. 07 48 68 02 57 | €).*

Kudowa Zdrój bietet sich als Ausgangsort für Ausflüge in das *Heuscheuer Gebirge (Góry Stołowe)* an. Sehr zu empfehlen ist das Naturreservat *Błędne Skały* („Wilde Löcher"), wo man durch ein von der Erosion phantasievoll geformtes Felsenlabyrinth wandern kann *(nur bei gutem Wetter zu empfehlen | tgl. 8–18 Uhr).* Insider Tipp Touristeninformationen: *Polanica Zdrój | ul. Zdrojowa 13 | Tel. 07 48 68 24 44. Duszniki Zdrój | Rynek 9 | Tel. 07 48 66 94 13. Kudowa Zdrój | ul. Zdrojowa 44 | Tel. 07 48 66 13 87*

OPOLE (OPPELN)

[133 D4] **Auf dem Markt der 130 000 Ew. zählenden Stadt wartet eine Überraschung: Das Rathaus ist eine 1936 errichtete Nachahmung des Palazzo Vecchio in Florenz.** Sehenswert in der 1945 stark zerstörten und teilweise wieder aufgebauten Altstadt mit den schönen Renaissance-Markthäusern sind der gotische *Dom zum hl. Kreuz (Kościół św. Krzyża)* mit dem Grabmal des letzten Herzogs von Oppeln, Jan II., und die *Franziskanerkirche* mit den Grabmälern von sieben Oppelner Herzögen. Machen Sie eine gemütliche Kaffeepause am Markt im *Pod Arkadami (Rynek 26 | www.podarkadami.pl).*

Interessant ist das *Freilichtmuseum (Skansen)* an der Ausfallstraße nach Wrocław, mit viel Holzarchitektur aus dem Oppelner Land *(Mai–Sept. tgl. 9–17, Okt.–April 9–14 Uhr | ul. Wrocławska 174).* Übernachten können Sie im zentral gelegenen und modernen *Hotel Mercure (103 Zi. | ul. Krakowska 57–59 | Tel. 077 4 51 81 00 | Fax 07 74 51 81 99 | www.orbis.pl | €€)*. Touristeninformation: *ul. Krakowska 15 | Tel. 077 4 51 19 87 | Fax 07 74 51 18 61 | www.opole.pl*

ZIELE IN DER UMGEBUNG

BRZEG (BRIEG) [141 F3]

Das monumentale Schloss aus dem 16. Jh., mit seinem Prunkportal, auf dem die Büsten aller polnischen Könige und Herzöge der Piasten-Dynastie zu sehen sind, und dem dreigeschössigen Arkadenhof gilt als das Hauptwerk der Renaissance in Schlesien. Sehenswert sind auch die spätbarocke *Pfarrkirche St. Peter und Paul (Kośćół św. Piotra i Pawła)* und das Rathaus der 36 000 Ew. zählenden Stadt 45 km nordwestlich von Opole.

GÓRA ŚWIĘTEJ ANNY (ANNABERG) [133 E4]

Seit dem 18. Jh. pilgern die Gläubigen zu der von den Franziskanern errichteten barocken *Wallfahrtskirche* auf der mit 411 m höchsten Erhebung der Gegend, 30 km südlich von Opole. Es ist nicht nur die wichtigste schlesische Wallfahrtsstätte mit einem imposanten *Kalvarienberg* (30 Marienkapellen), sondern auch der Ort, an dem 1921 polnische Aufständische vergebens gegen deutsche Freikorps ankämpften, um den Anschluss des Oppelner Schlesien an Polen zu erzwingen. Ein *Museum* dokumentiert diese Ereignisse aus polnischer Sicht *(Di–So 9–15 Uhr)*.

NYSA (NEISSE) [141 F5]

Historisch eine der bedeutendsten Städte Schlesiens (46 000 Ew., 60 km südwestl. von Opole). Mitten auf dem Markt steht das stattliche Renaissancegebäude der *Stadtwaage*. Die *St.-Jakobus-Kirche (Kościół św. Jakuba)* entfaltet im Inneren barocke Pracht. Es lohnt sich auch, das alte Jesuitengymnasium *Collegium Carolinum* und die evangelische *Kirche St. Barbara* zu besuchen. Auf dem *Jerusalemer Friedhof* befindet sich das Grab des Dichters Joseph Freiherr von Eichendorff (1788–1857).

>LOW BUDGET

- Zentral gelegen: das *Avantgarde-Hostel* in Breslau *(40 Betten | ul. Kościuszki 55 | Tel./Fax 07 13 41 07 38 | www.avantgardehostel.pl)* – das Bett im Schlafsaal kostet 40 Zł., die Atmosphäre ist angenehm.
- Preiswerte Speisen gibt es in der *Bar Złota Kurka* in Breslau *(ul. Piłsudskiego 18/22)* – Mittagessen ist ab 10 Zł. zu haben.

RIESENGEBIRGE (KARKONOSZE)

[140 A–B 3–4] **Der 40 km lange und höchste Gebirgszug der Sudeten mit seinen abgerundeten Gipfeln ist die Heimat des Berggeistes Rübezahl.** Auf dem Kamm des Riesengebirges verläuft die polnisch-tschechische Grenze; ein Teil des Gebirges wurde in einen Nationalpark *(Karkonoski Park Narodowy)* umgewandelt. Der MARCO POLO Band „Riesengebirge“ hilft mit vielen Informationen beim Entdecken der Region.

ZIELE IM RIESENGEBIRGE

JAGNIĄTKÓW (AGNETENDORF) [140 A3]

Hier befindet sich das im Jugendstil erbaute Haus Weisenstein, das dem Schriftsteller und Nobelpreisträger Gerhart Hauptmann von 1901 bis zu seinem Tod 1946 als wichtigster Wohnort diente. Schön renoviert beherbergt es heute ein *Museum*, das Hauptmanns Leben und Werk dokumentiert *(Di–So 9–16 Uhr | ul. Michałowicka 32)*.

KARPACZ (KRUMMHÜBEL) [140 B3]

Der 5000 Ew. zählende Ort an der Schneekoppe lebt heute nur noch vom Tourismus. Keine Spur mehr von den vielen Holzfällern, Teerbrennern und Kräutermischern (den sogenannten Laboranten), die ihn einst bevölkerten. Sehenswert ist vor allem die Stabholzkirche *Wang* im Ortsteil *Górny Karpacz (Brückenberg)*. Als man sie in Norwegen durch eine größere ersetzen wollte, kaufte Friedrich Wilhelm IV. sie und ließ sie 1844 im heutigen Karpacz wieder aufbauen. Es ist die einzige Kirche dieser Art außerhalb Norwegens *(tgl. 9–17 Uhr, im Sommer bis 18 Uhr)*.

Ein Stück Norwegen mitten im Riesengebirge: die Stabholzkirche Wang

Sehr beliebt ist die *Sommerrodelbahn* mitten im Ort *(10 Uhr bis zur Dämmerung | ul. Parkowa 10)*. Übernachtungsmöglichkeit bieten das *Hotel Ariston (13 Zi. | ul. Piastowska 2 a | Tel. 07 57 61 95 12 | Fax 075 7 61 95 12 | €)* oder das gehobene *Rezydencja (60 Zi. | ul. Parkowa 6 | Tel. 07 57 61 80 20 | Fax 075 7 61 95 13 | www.hotelrezydencja.pl |*

Malerisch: der Zackelfall bei Schreiberhau

€€). Touristeninformation: *ul. Konstytucji 3 Maja 25a | Tel. 075 7 61 86 05 | Fax 07 57 61 97 16 | www.karpacz.com.pl*

ŚNIEŻKA (SCHNEEKOPPE) [140 B4]

Ein 2,3 km langer Sessellift führt von Karpacz zur Kleinen Koppe (hin und zurück 23 Zł.). Von dort geht man ca. 1,5 Stunden auf den 1602 m hohen Gipfel, wo sich eine Kapelle aus dem Jahre 1668, ein Restaurant und eine Wetterstation befinden und der Blick bei gutem Wetter bis zu 200 km weit reicht. Denken Sie an die richtige Kleidung: Auch an warmen Sommertagen kann es oben sehr kalt sein.

SZKLARSKA PORĘBA (SCHREIBERHAU) [140 A3]

Die einstige Glasmachersiedlung ist heute ein weit verzweigter Kurort mit 8500 Ew. Von der Talstation im Stadtteil *Marysin (Mariental)* kann man mit dem Sessellift auf die 1362 m hohe *Szrenica (Reifträger)* hinauffahren, von der sich ein herrlicher Blick auf die polnische und die tschechische Seite des Riesengebirges bietet. 30 Minuten Fußmarsch von Szklarska Poręba entfernt befindet sich der *Wodospad Kamieńczyk (Zackelfall)*, dessen Wasser spektakulär 27 m tief hinabrauscht.

Übernachten können Sie zentral im *Hotel Sasanka* mit Wellnessbereich *(48 Zi. | ul. Słowackiego 4 | Tel. 07 57 52 80 00 | Fax 07 57 17 36 80 | www.hotel-sasanka.pl* | €€–€€€) oder im Wald im modernen *Hotel Las* an der E 65, 4 km vom Zentrum *(145 Zi. ul. Turystyczna 8 | Tel. 07 57 17 52 52 | Fax 07 57 17 52 60 | www.hotel-*

las.pl | €€). Touristeninformation: *ul. Jedności Narodowej 3 | Tel. 075 7 17 24 49 | Fax 07 57 54 77 42 | www.szklarskaporeba.pl*

WROCŁAW (BRESLAU)

[141 E2] **Polens viertgrößte Stadt (640 000 Ew.) liegt an der Oder. Der Fluss schickt sein Wasser in zahlreiche Nebenarme und Kanäle, deren Ufer mehr als einhundert Brücken überspannen.** Ausgedehnte Grünanlagen, die vielen Studenten auf den Straßen im Zentrum, prachtvolle gotische Bauten im Wechsel mit üppigem habsburgischem Barock – das alles schafft einen angenehmen Rahmen für einen Besuch Breslaus. Abends, besonders in den Sommermonaten, wird der Markt (Ring) zur Bühne für schaulustige Touristen aus aller Welt, für Geschäftsleute und die neue polnische Mittelschicht.

Kaum zu glauben heute, dass die Stadt beinahe völlig zerstört war, als sie nach viermonatigen Kämpfen am 6. Mai 1945 vor der Roten Armee kapitulierte. Auch die enormen Schäden, die die Oderflut von 1997 hinterlassen hat, sind inzwischen beseitigt. Heute macht Wrocław durch sein schönes Stadtbild, sein vielfältiges kulturelles und touristisches Angebot dem ehrwürdigen Krakau zunehmend Konkurrenz. Rund um die Stadt schießen neue Fabriken und Dienstleistungszentren wie Pilze aus dem Boden. Kein Wunder, dass Wrocław keine Probleme hatte, zu einem der Austragungsorte der Fußball-EM 2012 gewählt zu werden.

SEHENSWERTES

CMENTARZ ŻYDOWSKI (JÜDISCHER FRIEDHOF)

Insider Tipp

Mit seinen künstlerisch oft ausgefallenen Grabmälern und beeindruckendem Baumbestand einer der schönsten Friedhöfe in Europa. Hier ruht u.a. Ferdinand Lasalle, einer der Begründer der deutschen Sozialdemokratie. *Tgl. 9–18 Uhr | ul. Ślężna*

MUZEUM NARODOWE (NATIONALMUSEUM)

Schlesische Kunst und eine hervorragende Sammlung mittelalterlicher schlesischer Skulpturen. *Mi, Fr, So 10–16, Do 9–16, Sa 10–18 Uhr | pl. Powstańców Warszawy 5*

OSTRÓW TUMSKI (DOMINSEL)

Die Wiege der Stadt ist seit dem 19. Jh. durch die Aufschüttung eines Oderarms keine Insel mehr. In fünf großen, nahe beieinanderstehenden Kirchen wird gepredigt. Sehenswert ist vor allem die imposante *Kathedrale des hl. Johannes des Täufers*, deren Bau im 10. Jh. begann, mit drei prächtigen Kapellen im Chorumgang.

PANORAMA VON RACŁAWICE

Das monumentale Rundbild (120 × 15 m), 1894 im heute ukrainischen Lemberg (Lwów) entstanden, wird in einer eigens dafür gebauten Rotunde ausgestellt. Das eindrucksvolle Panorama zeigt die Schlacht beim Dorf Racławice, unweit von Krakau, wo es polnischen Aufständischen 1794 gelang, kurz vor der dritten Teilung des Landes russische Truppen vernichtend zu schlagen. *Tgl. 9–17 (Nov. bis Mitte April bis 16) Uhr, Sept. bis Mitte April Mo geschl. | ul. Purkyniego 11*

WROCŁAW (BRESLAU)

RYNEK (MARKTPLATZ) ★

Elf Straßen münden auf den Platz, in dessen Mitte sich das im gotischen und im Renaissancestil erbaute *Rathaus* befindet. Die schönsten *Bürgerhäuser* stehen auf der Westseite des Rings (u. a. Nr. 2 das Greifenhaus, Nr. 4 Zum Goldenen Adler, Nr. 6 und Nr. 7 Zur Goldenen und Zur Blauen Sonne). An der nordwestlichen Seite verbindet sich der Markt mit dem Platz vor der Elisabethkirche, vorbei an den zwei charakteristischen kleinen *Barockhäusern Jaś und Małgosia* („Hänsel und Gretel"). An der südwestlichen Ecke gelangen Sie auf den *Salzmarkt (Plac Solny)*, u. a. mit dem klassischen Gebäude der Neuen Börse und den rund um die Uhr geöffneten Blumenständen in der Mitte.

UNIVERSITÄT

Das wuchtige Gebäude des Collegium Maximum mit einem repräsentativen Barockportal birgt links im Parterre den *Longchamps-Saal* mit einer Ausstellung zur Geschichte der Breslauer Universität; rechts vom Eingang der prachtvolle Musiksaal *Oratorium Marianum*. Im 1. Stock gelangen Sie in die schöne *Aula Leopoldina*, ein in Gold gekleidetes Gesamtkunstwerk des Barock, bestehend aus Architektur, Skulpturen und Freskenmalereien, das für Konzerte und Universitätszeremonien genutzt wird. Lohnend auch der Aufstieg auf den *Mathematischen Turm*, von dem man einen tollen Blick hat. *Do–Di 10 bis 15.30 Uhr | pl. Uniwersytecki 1*

Insider Tipp

ESSEN & TRINKEN

BAZYLIA

Schmackhaft zubereitete polnische Gerichte zu erschwinglichen Preisen. Selbstbedienung. *ul. Kuźnicza 42* | €

BRAUHAUS SPIŻ

Selbst gebrautes Bier, gutes Essen. 500 Jahre Tradition im Rathauskeller. *Rynek Ratusz 9 | Tel. 07 13 44 72 25 | www.spiz.pl* | €€

In goldenes Licht getaucht, erstrahlt der Breslauer Marktplatz am Abend

KRÓLEWSKA

Gute Auswahl polnischer Gerichte, wobei man auf jeden Fall der Ente mit Äpfeln den Vorzug geben sollte. *Rynek 5 | Tel. 07 13 72 48 96 | €€*

VINCENT

Café, Weinstube und Restaurant unter einem Dach, dazu gutes und ausgefallenes Essen. *ul. Ruska 39 | Tel. 07 13 41 05 20 | www.vincent.wroclaw.pl | €€€*

ÜBERNACHTEN

ART-HOTEL

Gediegene, moderne Übernachtungsstätte in schön renoviertem neogotischem Bürgerhaus aus dem 19. Jh. *77 Zi. | ul. Kiełbaśnicza 20 | Tel. 07 17 87 71 00 | Fax 07 13 42 39 29 | www.arthotel.pl | €€€*

EUROPEUM

Angenehmes, zweckmäßiges Wohnen inmitten der Stadt. *20 Zi. | ul. Kazimierza Wielkiego 27A | Tel. 07 13 71 45 00 | Fax 07 13 71 44 01 | www.europeum.pl | €€*

PATIO

Gelungene Verknüpfung klassischer und moderner Architektur; schöner Lichthof und angenehme Zimmer. *50 Zi. | ul. Kiełbaśnicza 24 | Tel. 07 13 75 04 00 | Fax 07 13 43 91 49 | www.hotelpatio.pl | €€*

AM ABEND

Electronic beats, Nu Jazz & Soul, Reggae, Ska, Dub im ▶▶ Musikclub *Bezsenność („Schlaflosigkeit" | tgl. ab 18 Uhr | ul. Ruska 51)*. Gewollt kitschiges Ambiente mit guter House-Musik im *Vulevu (Mi–Sa 20–4 Uhr | ul. Świdnicka 53)*. Spannend, in einem früheren Gefängnis: der ▶▶ *Club Pracownia (Sa–Do 16–1 Uhr | ul. Więzienna 6)*.Liebhaber klassischer Musik sollten das reichhaltige Programm der *Oper (ul. Świdnicka 35 | Karten 07 13 70 88 80 | www.opera.wroclaw.pl)* und der *Philharmonie (ul. Piłsudskiego 19 | Karten 071 3 42 24 59 | www.filharmonia.wroclaw.pl)* in Augenschein nehmen.

AUSKUNFT

TOURISTENINFORMATION

Hier steht auch ein Rechner für die kostenlose Internetnutzung zur Verfügung. *Rynek 14 | Tel. 071 3 44 31 11 | www.wroclaw.pl*

Insider Tipp

ZIELE IN DER UMGEBUNG

LUBIĄŻ (LEUBUS) [141 D2]

Insider Tipp

In dem 50 km westlich von Wrocław gelegenen Dorf befindet sich die erste Zisterzienserklosteranlage Schlesiens (1162), die zugleich die größte Europas ist, davon legen schon die Dachfläche (2,5 ha) und die Fassadenlänge (230 m) beeindruckendes Zeugnis ab. Der „schlesische Rembrandt" Michael Willmann verbrachte hier als Mönch 35 Jahre seines Lebens und ist hier seit 1706 begraben. *Tgl. 9–15 Uhr, in der Saison bis 18 Uhr, nur Gruppenführungen jede volle Stunde*

OLEŚNICA (OELS) [141 F2]

In der 36000-Ew.-Stadt, 30 km nordöstlich von Wrocław, befindet sich das mächtigste und wohl schönste *Renaissanceschloss* ganz Schlesiens. Unbedingt sehenswert auch die spätgotische Schlosskirche St. Johannes, das Rathaus am Ring und die barocke Dreifaltigkeitskirche.

> DER OSTEN LOCKT MIT VIELFALT

Neben der städtebaulichen Perle Krakau gibt es sie noch – die Welt der Holzhäuser und Adelsresidenzen

> Es lohnt sich, einmal von altbekannten Routen abzuweichen und einen Krakau-Besuch zum Anlass zu nehmen, Polens Südosten zu erkunden, ehe es zu spät ist. Noch prägen schachbrettartig angelegte, wellige Felder, Holzhäuser und -kirchen, glanzvolle Adelsresidenzen und malerische Burgruinen das dünn besiedelte Land. Unverkennbar jedoch verdrängen Autos und moderne Landmaschinen das noch vor wenigen Jahren allgegenwärtige Pferd von Straßen und Feldern. Noch gibt es handgeschnitztes Holzspielzeug zu kaufen, doch immer mehr Plastikramsch wird auf den Märkten angeboten. Bunte Reklameschilder vereinheitlichen zunehmend das Aussehen der Ortschaften. Dennoch, hinfahren! Lublin, Zamość und Krakau bergen wahre Architekturwunder und interessante Museen. Die Atmosphäre dieser Städte wird geprägt von Renaissancebauten, die den Orten fast

Bild: Krakau, Hauptmarkt

VON KRAKAU BIS PRZEMYŚL

italienisches Flair verleihen. Wenig bekannte Gebirge, die Beskiden und die Bieszczady mit ihren sanften, bewaldeten Kämmen laden zum Wandern ein, genau wie die Hohe Tatra. Ein Besuch im Wallfahrtsort Tschenstochau veranschaulicht, wie wichtig den Polen ihr Glaube ist. Allerorten stößt man zwischen Krakau und Przemyśl auch auf Überbleibsel der Welt des jiddischen Stetl. Nicht weit von Krakau liegt Auschwitz, der traurigste Ort des 20. Jhs., wo diese Welt ausgelöscht wurde.

KRAKAU

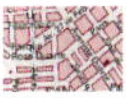

KARTE AUF SEITE 89

[134 B4] Keine polnische Stadt wird auch nur im Entferntesten so verehrt und bewundert wie Kraków. Es gibt unzählige Gründe, diese Stadt zu entdecken. Hier, auf dem Wawel, befinden sich der Krön-

ungsort und die Grablege der polnischen Könige. Im Zweiten Weltkrieg nicht zerstört, präsentiert sie heute, allein im Stadtzentrum, 140 Kirchen und 5500 denkmalgeschützte Gebäude. Krakau beherbergt die 700 Jahre alte Jagiellonen-Universität und viele weitere Hochschulen, Studenten prägen das Stadtbild. Theater, Kabaretts, Ausstellungen, stimmungsvolle Cafés und Restaurants, das bunte Treiben auf dem Hauptmarkt und gleichzeitig das allgegenwärtige Gefühl der jahrhundertealten Kontinuität, all das macht den Zauber Krakaus aus.

Die 12 Apostel vor St. Peter und Paul

SEHENSWERTES

COLLEGIUM MAIUS [89 B1]

Das Museum der Jagiellonen-Universität, zugleich eines der ältesten Universitätsgebäude Europas, beherbergt in seinen prächtigen Innenräumen eine Sammlung historischer Forschungsgeräte und gibt einen interessanten Einblick in die mittelalterliche Wissenschaft. *Mo, Mi, Fr 10–15, Di, Do 10–18, Sa 10–14 Uhr, Di 15–18 Uhr Eintritt frei | ul. Jagiellońska 15*

DROGA KRÓLEWSKA (KÖNIGSWEG) [89 B–C1]

Gehen Sie nach der Wawel-Besichtigung in die *ul. Grodzka.* Am *Plac św. Marii Magdaleny* stellen rechter Hand die prächtige barocke *St.-Peter-und-Paul-Kirche (Kościół św. Piotra i Pawła)* mit den zwölf Aposteln über dem Tor und die karge romanische *St.-Andreas-Kirche (Kościół św. Andrzeja)* einen interessanten Kontrast dar. Sehr schön auch an der nächsten Kreuzung (links) die gotische *Dominikaner-* und (rechts) die *Franziskanerkirche*, wo Sie die imponierenden Jugendstilfenster des Malers und Schriftstellers Stanisław Wyspiański bewundern können. Über den Marktplatz gehen Sie in die *ul. Floriańska*, eine Fußgängerzone mit reich dekorierten Bürgerhäusern. In Nr. 45 finden Sie die *Jama Michalikowa*, das schönste Café der Stadt, wo einst Künstler ihre Rechnungen mit Zeichnungen und Karikaturen an den Wänden beglichen. Am Ende der Straße befindet sich das *Florianstor (Brama Floriańska)* aus dem 14. Jh., dahinter die mächtige *Barbakane*, ein rundes Vorwerk aus dem 15. Jh., Teil der einstigen Stadtmauer.

KAZIMIERZ [89 C3]

In dem Stadtteil, wo einst Krakaus arme und orthodoxe Juden lebten, sind viele Zeugnisse ihres Lebens erhalten. Der belebte Mittelpunkt des Viertels liegt in der *ul. Szeroka.* An der *Remuh-Synagoge (Sa–Do 9 bis 18, Fr 9–16 Uhr | ul. Szeroka 40)* befindet sich der älteste jüdische Friedhof Polens. Über die Geschichte, Kultur und Bräuche der Krakauer Juden informiert das *Jüdische Mu-*

Hort der Wissenschaft: Sitzungssaal im Collegium Maius der Krakauer Universität

seum (Mo, Mi/Do, Sa/So 9–16, Fr 10 bis 17 Uhr, Mo Eintritt frei | ul. Szeroka 24). Das *Zentrum der Jüdischen Kultur (Mo–Fr 10–20, Sa/So 10–14 Uhr | ul. Meiselsa 17)* bietet Literatur und Ausstellungen zum Thema. Auf dem Gettogelände im nahen Stadtteil Podgórze können Sie in der *Apteka pod Orłem* („Adler-Apotheke") eine Ausstellung über das Krakauer Getto besichtigen *(Di–Sa 9.30–17, Mo 10–14 Uhr | pl. Bohaterów Getta 18)*. In der *ul. Lipowa 4* steht die ehemalige *Schindler-Fabrik*, wo Steven Spielberg seinen Film „Schindlers Liste" drehte.

MUZEUM CZARTORYSKICH-ARSENAŁ [89 B1]

Polens ältestes Museum: mittelalterlicher Schmuck, Kunstgewerbe, in der Bildergalerie Polens wertvollstes Gemälde: Leonardo da Vincis „Dame mit dem Hermelin". *Di–Sa 10–18, So 10–16 Uhr | ul. św. Jana 19*

MUZEUM ETNOGRAFICZNE (VOLKSKUNDEMUSEUM) [89 C3]

Sehr sehenswert sind hier die berühmten Krakauer Weihnachtskrippen. *Mo, Mi–Fr 10–17 (Jan.–April bis 15 Uhr), Sa/So 10–14 Uhr | pl. Wolnica 1*

MARCO POLO HIGHLIGHTS

★ **Rynek Główny (Hauptmarkt)**
Krakau besitzt einen der schönsten und größten Marktplätze Europas (Seite 88)

★ **Ikone der Schwarzen Madonna**
Ein beeindruckender Pilgerort ist der Helle Berg in Tschenstochau (Seite 91)

★ **Oświęcim (Auschwitz)**
Synonym für industrialisierten Völkermord (Seite 92)

★ **Wieliczka**
In einem alten Salzbergwerk wurde eine Welt in Salz gemeißelt (Seite 93)

★ **Łańcut**
Herrliche Adelsresidenz in einem schönen Landschaftspark (Seite 95)

★ **Zamość**
Eine Renaissancestadt von großer Schönheit (Seite 99)

RYNEK GŁÓWNY (HAUPTMARKT) ★ [89 B1]

Mit 200 m langen Seiten einer der größten mittelalterlichen Plätze Europas. In der Mitte die *Tuchhallen* aus dem 16. Jh. mit phantastischen Fratzen auf ihrem hohen Giebeldach. In der *Marienkirche* aus dem 14. Jh. befindet sich der herrliche *Marienaltar* von Veit Stoß, ein spätmittelalterliches Meisterwerk. Zu jeder vollen Stunde bläst ein Feuerwehrmann vom höheren Turm der Kirche den Alarmruf, der einst Krakau im 13. Jh. vor einem Mongolenangriff bewahrte.

WAWEL [89 B2–3]

Der Gebäudekomplex auf einem Hügel ist der wichtigste historische Ort in Polen: Sitz, Krönungsort und Grablege der polnischen Könige. In der *Krönungskathedrale (Mo–Sa 9–17, So 12.15–17 Uhr)* befinden sich die Sarkophage polnischer Herrscher, von Nationalhelden wie Marschall Józef Piłsudski und der beiden romantischen Dichter Adam Mickiewicz und Juliusz Słowacki. Vom *Sigismund-Turm* blicken Sie über Krakau; vom Arkadenhof gelangen Sie in die prächtigen Repräsentationssäle und in die königlichen Gemächer mit der größten Gobelin-Sammlung der Welt, in die Schatzkammer und in eine Ausstellung türkischer Kriegsbeute, die der polnische König Jan Sobieski 1683 bei Wien gemacht hat. *Mo 9.30–12 (ohne königl. Gemächer), Di, Fr 9.30–16, Mi/Do, Sa/So 9.30–15 Uhr | Kombiticket 60 Zl.*

Im arkadengesäumten Innenhof beginnt das Staunen – und der Rundgang durch den Wawel

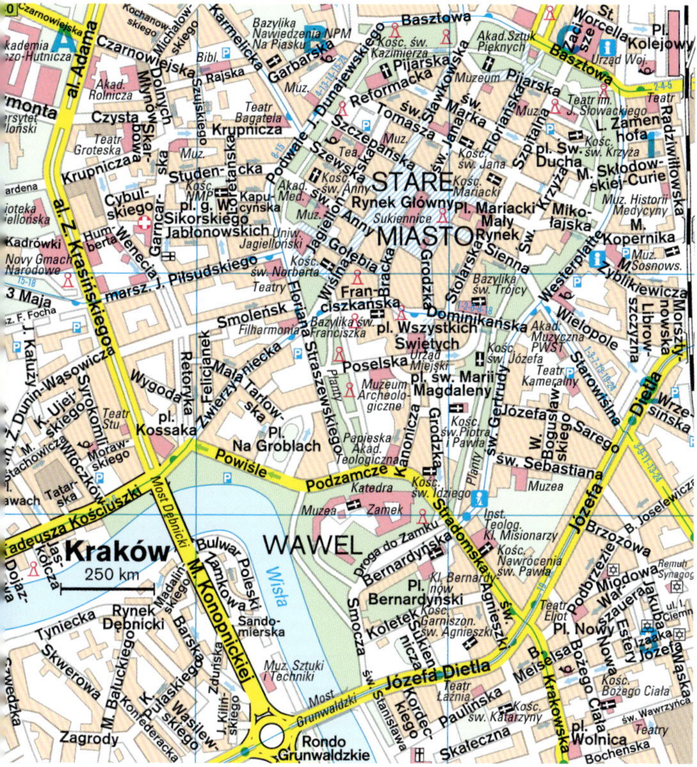

ESSEN & TRINKEN

ARKA NOEGO [89 C3]

Schmackhaftes jüdisches Essen. Abends gute Klezmermusik live. Etwas touristisch und nicht eben preiswert, aber gut. *ul. Szeroka 2* | *Tel. 01 24 29 15 28* | €€

CAMELOT [89 B1]

Hervorragende Kleinigkeiten (Salate, Baguettes, Kuchen) in charmanter Kaffeehaus-Atmosphäre. Konzerte, Ausstellungen. *ul. św. Tomasza 17* | *Tel. 01 24 21 01 23* | €

POD ANIOŁAMI [89 B2]

Gute polnische Küche, auch für diejenigen, die es nicht ganz so deftig mögen. *ul. Grodzka 35* | *Tel. 01 24 21 39 99* | *www.podaniolami.pl* | €€

POD RÓŻĄ [89 C1]

Schönes Restaurant unterm Glasdach im ältesten Hotel der Stadt. Zu empfehlen ist die Fischkarte. Hier speisten schon Balzac und Zar Alexander. *ul. Floriańska 14* | *Tel. 01 24 24 33 81* | €€

U ZYIADA [0]
Dieses Restaurant ist ein echter Höhepunkt eines jeden Krakau-Besuchs. Man speist sehr gut und schaut von oben auf die Weichsel und auf die Berge. *ul. Jodłowa 13 | ca. 6 km von der Stadtmitte | Tel. 01 24 29 71 05 | €€€*

ÜBERNACHTEN

COPERNICUS [89 B2]
Das sehr aufwendig eingerichtete Hotel überzeugt durch Marmor und Fresken und verwöhnt mit einer Dachterrasse, von der aus Sie auf den Wawel schauen können. *29 Zi. | ul. Kanonicza 16 | Tel. 01 24 24 34 00 | Fax 01 24 24 34 05 | www.hotel.com.pl | €€€*

FRANCUSKI [89 C1]
Gute Wahl in der Altstadt, das Haus vermittelt das nostalgische Flair vergangener Epochen. *42 Zi. | ul. Pijarska 13 | Tel. 01 26 27 37 77 | Fax 01 26 27 37 00 | €€–€€€*

HOTEL RUBINSTEIN [89 C3]
Ruhiges, angenehmes Hotel direkt an der ul. Szeroka im Herzen von Kazimierz. *22 Zi., 5 App. | ul. Szeroka 12 | Tel. 01 23 84 00 00 | Fax 01 23 84 00 01 | www.hotelrubinstein.com | €€*

WAWEL [89 B2]
Modernes, ruhiges Hotel in schön restaurierten, alten Mauern, im Zentrum der Altstadt. *40 Zi. | ul. Poselska 22 | Tel. 01 24 24 13 00 | Fax 01 24 24 13 33 | €€*

AM ABEND

▶▶ *Piękny Pies* („Der schöne Hund“) ist wohl die verrückteste Bar in der Stadt – Konzerte, spontane Kunst, freundlich schräges Publikum (*tgl. 18–3 Uhr | ul. Sławkowska 6a |* [89 B1]). Guten Livejazz gibt es im *U Muniaka* (*tgl. 19–2 Uhr | ul. Floriańska 3 |* [89 C1]). Nettes Publikum besucht die kleine Bar *Święta Krowa* („Die heilige Kuh“) zu guter Musik (*tgl. 18–3 Uhr | ul. Floriańska 16 |*

Hunderttausende pilgern jedes Jahr zur Schwarzen Madonna im Kloster von Częstochowa

Gejazzt wird vielerorts in Krakau – zum Beispiel am Hauptmarkt in Harris Piano Jazz Bar

[89 C1]). In einer alten jüdischen Badeanstalt von 1923 befindet sich der originelle Pub ▶▶ *Łaźnia*, mit Theaterbühne, Ausstellungen, multimedialen Veranstaltungen. Musik: Acid Jazz, Trip-Hop, Ambient *(tgl. ab 14 Uhr | ul. Paulińska 26 |* [89 C3] *| Tel. 01 24 30 74 85).*

Liebhabern klassischer Musik ist die sehr gute Krakauer Philharmonie *(Filharmonia Krakowska)* zu empfehlen *(ul. Zwierzyniecka 1 |* [89 B2] *| Kartentel. 01 24 29 13 45 | www.filharmonia.krakow.pl).*

AUSKUNFT

TOURISTENINFORMATION [89 B1]

Im Rathausturm auf dem Hauptmarkt | Rynek Główny 1 | Tel. 01 24 33 73 10 | www.krakow.pl

ZIELE IN DER UMGEBUNG

CZĘSTOCHOWA (TSCHENSTOCHAU) [134 A3]

160 km von Krakau in Richtung Łódź liegt das Kloster der Paulinermönche auf Jasna Góra, dem Hellen Berg. Der Ort ist der Mutter Gottes und Königin Polens geweiht. Der Legende nach hat sie das Kloster vor der Erstürmung durch die Schweden gerettet: Die Mönche trugen das Marienbild auf den Mauern des brennenden Klosters herum – daher die dunkle Färbung der ★ *Ikone der Schwarzen Madonna.* Zu ihr pilgern jedes Jahr im August Hunderttausende Gläubige aus ganz Polen. Einen kurzen Abstecher lohnt die Ruine der *Burg Olsztyn,* etwa 20 km südöstlich von Tschenstochau. Jeden Herbst zieht dort ein großes Feuerwerk mit Lasershow die Besucher an.

KALWARIA ZEBRZYDOWSKA [134 B5]

44 km südwestlich von Krakau liegt das Sanktuarium aus dem 17. Jh. 40 Stationen des Leidensweges Christi mit Kirchen und Kapellen bilden einen Komplex, der sich über 6 km erstreckt und zum Unesco-Weltkulturerbe zählt. *Wadowice*, der Geburtsort von Karol Wojtyła, dem späteren Papst Johannes Paul II., liegt nur 14 km weiter. *Mai–Sept. 9–13 u. 14–18, Okt.–April 9–12 u. 13–16 Uhr*

Insider Tipp

OGRODZIENIEC [134 B4]

Auf dem höchsten Punkt der Hochebene zwischen Kraków und Częstochowa liegt in einer geheimnisvoll anmutenden Umgebung die Ruine eines Schlosses. Einst von einem reichen Bankier als mittelalterliche Wehranlage erbaut, wurde es Mitte des 16. Jhs. zum einem prächtigen Schloss ausgebaut. Nach der Zerstörung durch die Schweden 1655–57 hat es nie wieder zu seiner alten Pracht zurückgefunden. Heute sind die Ruinen zur Besichtigung freigegeben.

OŚWIĘCIM (AUSCHWITZ) ★ [134 A4]

Etwa 60 km westlich von Krakau erinnern Baracken, Wachtürme und Stacheldrahtzäune, Verladerampen, Hinrichtungsmauern und Krematorien an den von den Nationalsozialisten begangenen Völkermord. Mehr als 1,1 Mio. Menschen aus 28 Nationen, darunter knapp 1 Mio. Juden, sind in Auschwitz-Birkenau, dem größten Konzentrationslager, das Hitler 1940 und 1942 bauen ließ, ermordet worden. Heute sind das Stammlager Auschwitz I und die Außenstelle Birkenau Museen und Gedenkstätten. In Birkenau erhebt sich seit 1967 das monumentale Denkmal für die Auschwitz-Opfer. *Gedenkstätte und Museum Auschwitz-Birkenau: tgl. | Eintritt frei | Standardführung auf Deutsch (ca. 3,5 Std.) 1–15 Personen 174 Zł. | ul. Więźniów Oświęcimia 20 | Oświęcim | Tel. 033 8 44 81 00 | www.auschwitz.org.pl*

PIENINY [134 B5]

Das Pieniny-Gebirge ist vor allem wegen des malerischen Dunajec-Tals berühmt. Ein beliebtes Ausflugsvergnügen sind Fahrten auf Flößen unter den bis zu 300 m hoch aufragenden Bergwänden. Die Flöße werden von Góralen in ihren schönen Trachten über die Stromschellen gelenkt. Das Bergvolk der Góralen hat sich seine eigene Sprache, Musik und Volks-

Freudig-gespannte Erwartung auf die folkloristische Floßfahrt durch den Fluss Dunajec

kunst erhalten. *Abfahrt bei Sromowice Wyżne: April–Okt. tgl. 9–15 Uhr | ab 44 Zł. | Tel. 01 82 62 97 21 | www.flisacy.com.pl*

WIELICZKA ★ [134 B4]

13 km südlich von Krakau liegt eines der ältesten Salzbergwerke Europas, das heute zum Unesco-Weltkulturerbe zählt. Zur Besichtigung wurde ein 3,5 km langer Abschnitt auf 64–135 m Tiefe freigegeben. Wunderschöne Kapellen, u. a. die *Kapelle der Heiligen Kinga*, in der vom Altar bis zum Kandelaber alles aus Salz ist, unterirdische Seen, unzählige Figuren und Fresken begeistern die Besucher. Unter Tage befinden sich auch ein Sanatorium und ein Restaurant. *Kopalnia Soli Wieliczka | April–Nov. tgl. 7.30–19.30, Nov.–März 8–17 Uhr | ab 45 Zł. | www.kopalnia.pl | www.wieliczka.pl*

ZAKOPANE [134 B6]

Am Fuß der Tatra, 100 km südlich von Krakau, liegt Polens „Winterhauptstadt" Zakopane. Der Ort wird aber auch im Sommer von vielen Touristen besucht, die ins „kleinste Hochgebirge der Welt" Touren unternehmen. Trotz der schnellen Entwicklung zum Tourismusmagneten ist der historische Ortskern erhalten geblieben. Seinen ursprünglichen Charakter verdankt er der typischen Holzbauweise mit Balkonen, Terrassen und kunstvoll geschnitzten Gauben. Die meisten Villen sind in diesem Stil erbaut worden, der von dem Maler Stanisław Witkiewicz in den 80er-Jahren des 19. Jhs. geschaffen wurde. Auch die *Villa Atma* von 1905, in der sich das *Museum* zum Andenken an den Komponisten Karol Szymanowski befindet, ist in diesem Stil erbaut *(Di, Do–So 10–15.30 Uhr)*. Sehenswert ist ebenso die *Hasior-Galerie* *(Mi–Sa 11–18, So 9–15 Uhr | ul. Jagiellońska 18d)*, in der Arbeiten des 1999 verstorbenen exzentrischen Bildhauers Władysław Hasior zu besichtigen sind. Mehr über Kultur und Geschichte der Tatra-Region im *Tatra-Museum (Muzeum Tatrzańskie | Di–Sa 9–17, So 9–15 Uhr | ul. Krupówki 10)*.

Insider Tipp

Gedenkstätte Auschwitz

Südöstlich von Zakopane, von der *Dolina Koscieliska* aus, fahren Pferdewagen die Touristen zum wunderschönen Bergsee *Morskie Oko* („Meeresauge") in 1400 m Höhe. Von Zakopane können Sie mit der Schwebebahn auf den 1985 m hohen Berg *Kasprowy Wierch* fahren oder mit der Standseilbahn auf den Gipfel des *Gubałówka* (1120 m).

Insider Tipp

Die Küche der Region lernen Sie am besten im urigen Restaurant *Redykołka* kennen. Spezialität: gegrillter *oscypek*, der typische geräucherte Schafskäse. Am Wochenende kraftvolle Góralen-Musik *(ul. Kościeliska 1 | Tel. 01 82 06 63 32 | €).*

Insider Tipp **ZALIPIE** [134 C4]

Nach einer Sitte aus dem 19. Jh. bemalen in einem Wettbewerb jedes Jahr die Frauen dieses Dorfes, 115 km nordöstlich von Krakau, ihre Häuser mit Blumenmustern. Das Haus der 1974 verstorbenen Malerin Felicja Curylowa wurde Museum.

SÜDOSTPOLEN

Während der Norden eher streng mit seiner Backsteingotik daherkommt, hat der Süden einen ganz anderen Charakter: Die Bürgerhäuser und Magnatenschlösser im hellen Barock oder in den Pastellfarben der Renaissance wirken elegant und immer ein wenig südländisch. Ein buntes Gemisch von Sakralbauten verschiedener Glaubensrichtungen zeugt davon, wie viele Völker dieses Land einst ihre Heimat nannten. Friedlich stehen sie nebeneinander wie in *Włodawa* [135 F2] – die katholische Pauliner-Kirche neben der orthodoxen Mutter-Gottes-Kirche und gleich nebenan die Synagoge, heute ein Museum. Es sind Zeugen einer untergegangenen Welt. Die Juden sind fast alle ermordet, die Ukrainer vertrieben oder umgesiedelt worden. Während das jüdische Leben für immer erloschen ist, gibt es in den orthodoxen Kirchen aber noch Leben. An das tragische jüdische Schicksal erinnern im ehemaligen Vernichtungslager von *Bełżec* [135 F4] das riesige Steinfeld und das *Museum (April–Okt. tgl. 9–17, Nov.–März Mo–Fr 9–16 Uhr, Gedenkstätte tgl. | www.belzec.org.pl).*

ZIELE IN SÜDOSTPOLEN

BIESZCZADY [135 E6]

„Waldkarpaten" nennen die Einheimischen den südöstlichsten Zipfel Polens zwischen der Slowakei und der Ukraine. Das abseits liegende, dünn besiedelte Bergland mit herrlichen, wilden Buchenwäldern ist wohl der urwüchsigste Teil Polens. Typisch für diese Landschaft sind die *połoniny*, lang gezogene, kahle Bergrücken oberhalb der Wälder. Große Teile der Bieszczady sind in einen Nationalpark umgewandelt worden.

Sie können die Gegend bequem mit dem Auto auf der Bieszczady-Ringstraße erkunden. Die Fahrt beginnt und endet in *Sanok.* Über Lesko fahren Sie bis *Ustrzyki Dolne*, wo es ein interessantes Naturkundemuseum gibt *(Muzeum Przyrody | Di–Sa 9–17 Uhr | ul. Bełska 7).* Über Czarna Góra und Smolnik mit hübschen Holzkirchen erreicht man den südlichsten Punkt der Strecke: *Ustrzyki Górne.* Von da aus geht es Richtung Norden über zwei Pässe mit schönen Aussichten nach *Wetlina* im Durchbruchtal des gleichnamigen Flusses.

Übernachten können Sie im komfortablen *Hotel Czarna (41 Zi. | Czarna | Tel. 01 34 61 61 61 | www.ckrczarna.pl | €–€€)* oder im schön renovierten Herrenhaus *Dwór Wola Sękowa* (Insider Tipp) mit sehr gutem Essen *(13 Zi. | Nowotaniec | Tel. 01 34 66 42 53 | www.dworwolasekowa.com.pl | €).*

KOMAŃCZA [135 D6]

Die Kapelle der Schützenden Mutter Gottes in Komańcza ist eine der drei noch erhaltenen Holzkirchen der Unierten (griechisch-kathol.) Lemken, einer westukrainischen Volks-

Das Magnatenschloss von Łańcut liegt in einem Park mit sternförmigem Grundriss

gruppe, die ehemals in Bieszczady lebte. Die Kirche von 1802 besitzt eine Ikonostase, eine dreiflüglige Wand mit Heiligenbildern, von 1830. In der Kirche befindet sich heute ein kleines *Lemken-Museum*, das bei Bedarf geöffnet wird.

KRASICZYN **[135 E5]**

Diese Magnatenresidenz in einem herrlichen Park liegt 10 km von Przemyśl entfernt. Die imposante quadratische Anlage mit Basteien stammt aus dem 15. Jh. und beherbergte häufig große Persönlichkeiten, u.a. die polnischen Könige. Übernachtung im Schloss: *Hotel Zamkowy (92 Zi. | Tel. 01 66 71 83 21 | www.krasiczyn.com.pl | €–€€)*.

KRYNICA-ZDRÓJ **[134 C5]**

Krynica-Zdrój gilt als die Perle unter den polnischen Kurorten. Die Kurpromenade und die schmucken Pensionen im Schweizer Stil verströmen noch den nostalgischen Charme des frühen 20. Jhs. Ein kleiner Schandfleck ist die neue Trinkhalle aus Beton, doch gibt es dort 23 verschiedene Mineralwässer. Berühmt ist das heilkräftige „Kryniczanka". Zahlreiche Sanatorien bieten zudem Anwendungen für jedes Zipperlein. Zu Ehren des Sängers Jan Kiepura, der in Krynica ein Haus hatte, findet jeden August ein Opernfestival statt. Die ausgedehnten Naturreservate laden im Sommer zu Wanderungen ein. Im Winter ist Krynica ein beliebtes Skigebiet. Wer es ruhig mag, kann sich in dem außerhalb am Waldrand gelegenen *Hotel SPA Dr. Irena Eris* einquartieren *(47 Zi./Ap. | ul. Czarny Potok 30 | Tel. 01 84 72 35 00 | www.hotelspa.pl | €€€)*. Touristinformation: *ul. Piłsudskiego 8 | Tel. 018 4 71 61 05 | www.krynica.org.pl*

ŁAŃCUT ★ **[135 D4]**

Die kleine Industriestadt (17 000 Ew.) besitzt mit ihrem Magnatenschloss aus dem 17. Jh. eines der schönsten Bauwerke in Polen, das alljährlich Tausende von Besuchern anlockt. Es gehörte nacheinander einigen der namhaftesten Familien Polens. Die prächtigen Räume des Schlosses präsentieren eindrucksvoll die Wohnkultur des Großadels. Neben dem Hoftheater, dem großen Ballsaal über zwei Geschosse, dem Spiegelkabinett und einer Skulpturengalerie beherbergt das Schloss auch eine interessante Gemälde-, Glas- und Porzellansammlung *(Feb.–Nov. tgl. 9–15 Uhr | www.zamek-lancut.pl)*. Zum Schloss gehören auch eine kleine Synagoge, das *Kutschenmuseum* in den Ställen mit Hunderten von Fahrzeugen sowie eine *Ikonen-Ausstellung* im Seitenflügel *(Di–So 9–16 Uhr)*. Im Mai öffnet der Ballsaal seine Türen für Musik – nicht nur für Kammermusik, Insider Tipp auch für Cross-over.

LEŻAJSK [135 E4]

Das unscheinbare Städtchen Leżajsk (13000 Ew.), 37 km nordwestlich von Jarosław, wäre wohl schon allein wegen seiner kostbaren Orgel bekannt. Sie ist die schönste in Polen: Reich verzierte 5900 Pfeifen und 74 Register machen dieses Instrument, an dem bis 1729 fast 50 Jahre gebaut wurde, so einzigartig. Es befindet sich im *Bernhardinerkloster*. Einzigartig nicht nur für Polen ist aber auch die Insider Tipp Pilgerfahrt von Tausenden von Juden Mitte März zum Grab des Wunderrabbiners Elimelech auf dem jüdischen Friedhof.

LUBLIN [135 E2]

Die größte polnische Stadt (310000 Ew.) östlich der Weichsel wurde 1317 gegründet. Seine Blütezeit erlebte Lublin in der Renaissance, als dort viele bedeutende Dichter und Bildhauer tätig waren. Das Schloss auf dem Burghügel wurde nach seiner Zerstörung im neogotischen Stil wieder aufgebaut, von der Burg ist nur der Turm aus dem 13. Jh. übrig geblieben. Dort befinden sich jetzt ein *Museum* mit volkskundlicher Abteilung, eine Gemäldegalerie mit Bildern des berühmten polnischen Malers Jan Matejko und eine sehenswerte Ikonensammlung *(Muzeum Lubelskie | Di–So 10–16 Uhr | ul. Zamkowa 9 | www.zamek-lublin.pl)*. Der wertvollste Bau auf dem Burggelände ist die von Władysław Jagiełło 1395 gestiftete *Dreifaltigkeitskapelle*. Ihr Gewölbe ruht auf einem einzigen Pfeiler und ist vollständig mit byzantinisch-russischen Wandmalereien bedeckt.

Den Altstadtkern bilden mittelalterliche Straßenzüge mit den Resten der Stadtmauer und dem *Krakauer Tor (Brama Krakowska)*, von dem die

>LOW BUDGET

- > Das *Hostel Momotown* im Krakauer Stadteil Kazimierz *(40 Betten | ul. Miodowa 28 |* [89 C4] *| Tel./Fax 012 429 69 29 | www.momotownhostel.com)* verschafft müden Reisenden günstige Ruheplätze: Das Bett im Schlafsaal kostet 45 Zł.
- > In der Krakauer *Bar Grodzki (ul. Grodzka 50 |* [89 B3]) gibt es Mittagessen ab 10 Zł.
- > In vielen Krakauer Jazzclubs gibt es Jam Sessions bei freiem Eintritt oder zu sehr niedrigen Preisen (10–30 Zł.). Zu empfehlen: *Ptasiek (ul. Dajwór 22* [0]*)* oder *Harris Piano-Jazzbar (Rynek Główny 28* [89 B1]*)*.

Bramowa-Straße zum Marktplatz führt. In seiner Mitte thront das klassizistische *Alte Rathaus*, an seinen Seiten und in den benachbarten Straßen stehen prächtige Bürgerhäuser aus dem 16.–18. Jh. und das *Dominikanerkloster* im Renaissancestil. Bemerkenswert ist die *Kathedrale* mit ihrer „Flüstersakristei", in der der kleinste Laut deutlich zu hören ist.

Przemyśl: Hübsch eingerahmt erblickt man einen Turm der Franziskanerkirche

Lublin ist Sitz der katholischen Universität KUL, ehemals eine Oase des freien Gedankens im kommunistischen Polen. An der Hauptstraße des modernen Lublin, der *Krakowskie Przedmieście*, stehen prunkvolle Gebäude wie z. B. unter der Nr. 56 das *Grand Hotel Lublinianka (72 Zi. | Tel. 08 14 46 61 00 | Fax 08 14 46 62 00 | www.lublinianka.com | €–€€)*.

Im südöstlichem Vorort Lublins, Majdanek, legten die Nationalsozialisten 1941/42 ein Vernichtungslager an, in dem etwa 400 000 Menschen ihr Leben verloren. In den übrig gebliebenen Lagerbaracken befindet sich heute ein *Museum (Państwowe Muzeum na Majdanku | Di–So 8–17, im Winter bis 15 Uhr | ul. Droga Męczenników Majdanka 67 | www.majdanek.pl)*. Touristeninformation: *Lubelski Ośrodek Informacji Turystycznej LOIT | ul. Jezuicka 1/3 | Tel. 08 15 32 44 12 | www.loit.lublin.pl*

PRZEMYŚL [135 E5]

Die Altstadt von Przemyśl (67 000 Ew.) ist vom Krieg verschont geblieben. Sie liegt malerisch am Ufer des Flusses San. Lohnenswert ist der Besuch des *Marktplatzes*, der *Kathedrale*, der *Franziskanerkirche* und des *Schlosses* mit dem angrenzenden Stadtpark. Vom Schlossturm hat man einen schönen Ausblick auf die Stadt. Die sichtbaren Kirchentürme und die Kuppeln der orthodoxen Kirchen zeugen von der kulturellen und ethnischen Vielfalt in der Geschichte der Stadt. Heute lebt in Przemyśl eine ukrainische Minderheit. Spuren der galizischen Zeit, als die Stadt der Habsburger Monarchie angehörte, finden Sie in den Festungsbauten, den Zins- und Amtshäusern und dem neubarocken Bahnhof. Bestes Hotel am Platz ist das *Hotel Marko-Exim (15 Zi. | ul. Lwowska 40 | Tel. 01 66 78 92 72 | www.hotelmarko.com | €€)*. Touristenzentrum: *Rynek 26 | Tel. 016 6 75 16 64 | www.przemysl.pl*

SANDOMIERZ **[135 D3]**

Am linken Weichselufer auf sieben Hügeln erbaut, hat sich das Renaissancestädtchen mit seinen verwinkelten Gassen den Charme vergangener Zeiten bewahrt. Man sagt, dass jeder, der Sandomierz (22000 Ew.) einmal gesehen hat, sich danach sehnt, zurückzukommen. So auch angeblich der sowjetische Oberst Skopenko, der die Stadt 1945 befreite. Er ließ sich auf dem Friedhof von Sandomierz beisetzen.

In dem geschlossenen Altstadtkomplex stehen die Sehenswürdigkeiten nah beieinander: auf dem Marktplatz das *Renaissancerathaus* und der *Palast* des Rittergeschlechts Oleśniki, in dem sich heute das Regionalmuseum befindet, in der Mariacka-Gasse die gotische *Kathedrale* und auf dem Hügel westlich davon die spätromanische *Dominikanerkirche St. Jacobus*. In diesem wertvollsten Baudenkmal der Stadt werden in Vitrinen die Gebeine der Mönche ausgestellt, die im 13. Jh. von den Tataren ermordet wurden. Nördlich vom Markt stehen das *Benediktinerkloster* und die *St.-Michael-Kirche* mit ihrem barocken Inneren. Vom *Opatowska-Stadttor* aus dem 16. Jh. haben Sie einen schönen Ausblick. Übernachten Sie wie ein König im 28 km entfernten Schloss *Baranów Sandomierski*, auch „kleiner Wawel" genannt: *Zespół Zamkowo – Parkowy w Baranowie Sand-*

Arkadenhäuser der Renaissance säumen den Marktplatz der „idealen Stadt" Zamość

omierskim (29 Zi. und App. | ul. Zamkowa 20 | Tel. 01 58 11 80 39 | Fax 01 58 11 80 40 | www.baranow.motronik.com.pl | €–€€).

SANOK **[135 D5]**

Das Städtchen Sanok (37500 Ew.) liegt malerisch auf einer Bergterrasse oberhalb des Flusses San. Wie fast alle Städte der Region war Sanok unter den Nachbarn umkämpft. Im Krieg war die Stadt stark zerstört, die gesamte jüdische Bevölkerung wurde ermordet. Die wichtigste Sehenswürdigkeit ist das *Schloss* aus dem Mittelalter, später im Renaissancestil ausgebaut. Dort zeigt das *Historische Museum* die größte Ikonensammlung Polens sowie die surrealistischen Bilder des aus Sanok stammenden Malers Zdzisław Beksiński *(Muzeum Historyczne | Juni–Okt. Di–Sa 9–17, So 8–10, Nov.–Mai Di–Sa 9–15, So 8–10 Uhr | ul. Zamkowa 2 | www.muzeum.sanok.pl).*

Am rechten San-Ufer, im Stadtteil Biała Góra, befindet sich auf einem weitläufigen Gelände eines der größten Freilichtmuseen Polens. Es ist der untergegangenen bäuerlichen Welt der Lemken und Bojen gewidmet: *Skansen (Mai–Sept. tgl. 8–18, Okt. 8–16, Nov.–März 8–14, April 9–16 Uhr | ul. Trauguta 3 | www.skansen.sanok.pl).* Das *Hotel Jagielloński* bietet Ihnen guten 3-Sterne-Komfort *(22 Zi. | ul. Jagiellońska 49 | Tel. 01 34 63 12 08 | Fax 01 34 64 12 08 | www.hoteljagiellonski.bieszczady24.pl | €€). www.sanok.pl*

ZAMOŚĆ ★ **[135 E3]**

Zamość, das „Padua des Nordens", entstand als utopischer Architektenentwurf der Renaissance. Reiche polnische Magnaten erwarben im 16. Jh. das Gebiet der heutigen Stadt. Der 36-jährige Großkanzler Jan Zamoyski ließ dann von dem italienischen Baumeister Bernardo Morando sein Schloss und die Stadt entwerfen. Heute erstrahlt das Unesco-Welterbe (58400 Ew.) in der Schönheit seiner restaurierten Renaissancebauten.

Das Zentrum der idealen Stadt besteht aus dem quadratischen Großen Markt mit dem Rathaus. Der Markt wird von wunderschönen Kaufmannshäusern mit Laubengängen gesäumt. Die schönsten stehen auf der Nordseite und gehörten Kaufleuten und Handwerkern aus Armenien, die seit 1585 in Zamość angesiedelt wurden. Im „Haus zum Engel" ist heute das *Regionalmuseum* untergebracht mit interessanten Informationen zur Stadtgeschichte *(Di–So 9–16 Uhr | ul. Ormiańska 30).* Gegenüber, an der Südfront, steht das Haus des Architekten Morando (Nr. 25). In einer Seitenstraße *(ul. Staszica 37)* unweit davon wurde 1870 Rosa Luxemburg geboren. Eine kleine Gedenktafel erinnert an die Sozialistin. Am Markt steht auch die dreischiffige *Kollegiatskirche.* Von der multikulturellen Vergangenheit der Stadt zeugen die *griechisch-orthodoxe Kirche* in der Altstadt, die *Synagoge (ul. Pereca)* und die *Kathedrale (ul. Kolegiacka).*

Zum Übernachten bietet sich das *Hotel Zamojski* an, mit Blick auf den Marktplatz *(53 Zi. | ul. Kołłątaja 2–6 | Tel. 08 46 39 25 16 | Fax 08 46 39 25 01 | €–€€).* Touristeninformation: *Rynek Wielki 3 | Tel. 08 46 39 22 92 | www.zamosc.pl*

> EIN LAND IN AUSSCHNITTEN

Gnesen und Warschau sind die Ausgangspunkte für zwei kurze Reisen im Herzen Polens

Die Touren sind auf dem hinteren Umschlag und im Reiseatlas grün markiert

1 EINE KLEINE REISE IN DIE GESCHICHTE UND ZURÜCK

Diese Zeitreise führt Sie von den Anfängen des polnischen Staates in Gniezno bis zu Europas ältester erhaltener *Hallstadt-Siedlung* aus vorchristlicher Zeit nach Biskupin. Dann geht es zu den Burgruinen aus dem 14. Jh. am Gopło-See und zu einer moralischen Belehrung auf den romanischen Säulen in Strzelno. Der letzte Reisepunkt mit den Piktogrammen in den Feldern von Wylatowo führt in die Gegenwart zurück. Die landschaftlich reizvolle Strecke ist ca. 180 km lang, sie beginnt und endet in Gniezno. Die Tour kann man gut als Tagesausflug planen, es empfiehlt sich aber, eine Übernachtung einzulegen.

Der Ausflug beginnt in **Gniezno** (Gnesen, *S. 54*), der ersten Hauptstadt Polens und Krönungsort des ersten polnischen Königs. Die freundliche Kleinstadt mit einer einheitlichen Architektur von zweigeschossigen

Bild: das „Gnesener Tor“

AUSFLÜGE & TOUREN

Häusern ist auf dem Weg, sich zu einem kleinen Juwel zu entwickeln. Besonders schön sind die restaurierten Gebäude in der Fußgängerzone, wo sich gemütliche Cafés und Restaurants aneinanderreihen. Empfehlenswert ist das *Café* des Hotels *Pietrak (ul. Bolesława Chrobrego 3 | Tel. 06 14 26 14 97| www.pietrak.pl)*. Vom Café geht man über den *Rynek* (Marktplatz) und sieht schon von Weitem die „Mutter der polnischen Kathedralen". Der gotische Bau aus dem 14./15. Jh wurde über seinem Vorgängerbau errichtet, einer Kirche aus dem 10. Jh., von der nur das *Gnesener Tor* übrig blieb, eines der wertvollsten Kunstwerke aus der Zeit der Romanik in Polen.

Aus Gniezno fahren Sie weiter auf der Landstraße 5 nach Norden und biegen nach 23 km in Richtung **Biskupin** ab. Dort besuchen Sie Europas älteste erhaltene Hallstadt-Siedlung aus der Zeit um 740 v. Chr. Eine mächtige Wehranlage aus Pfählen schützte die Siedlung, in der vermutlich bis zu 1200 Menschen lebten. Die Besucher des Freilichtmuseums sind eingeladen, in Werkstätten beim Weben, Töpfern, Münzprägen oder der Herstellung von Schmuck mitzumachen *(tgl. 9–17 Uhr | 5 Zł. | Anmeldung eine Woche im Voraus | Tel. 05 23 02 50 55 | museum@biskupin.pl). Museum tgl. 8–18 Uhr (bzw. bis zur Dunkelheit) | 8 Zł. | 2-Std.-Führung (deutsch) 80 Zł. mit Voranmeldung | Palmtop (deutsch) 15 Zł. | www.biskupin.pl*. Eine schöne Abwechslung ist eine 30-minütige Insider Tipp **Schiffsrundfahrt** um die Landzunge, auf der das Museum liegt *(Di–So 9–17 Uhr | 6 Zł.)*.

Von Biskupin aus fahren Sie zurück auf die Landstraße 5 und dann 18 km bis **Żnin**. Von dort geht es auf der Landstraße 25 140 km nach **Inowrocław** (Hohensalza). Schon von Weitem wird das Wahrzeichen der „Stadt, die auf Salz gebaut wurde", sichtbar – die fast 80 m hohen Türme der neoromanischen *Kirche der Maria Verkündigung (Kościół Zwiastowania Najświętszej Marii Panny | ul. Plebanka 10)*.

Unweit davon befindet sich die romanische *Kirche der Heiligen Jungfrau Maria (Kościół Najświętszej Marii Panny | ul. Biskupa Antoniego Laubitza 9)*, die kostbarste Sehenswürdigkeit der Stadt. Die an den Außenwänden angebrachten Reliefs symbolisieren die christlichen Werte. Sehenswert im Kircheninneren sind die mit Tierdarstellungen, griechischen Kreuzen und Masken verzierten Wände, die Holzfigur „Die lächelnde Madonna" aus dem 14. Jh. sowie drei in Granit gehauene Teufelsmasken innen am Portal.

Interessant ist auch das Gradierwerk im üppigen Kurpark: Salzlake fließt vom oberen Rand der Konstruktion über Schlehdornzweige herab und erzeugt beim Verdampfen eine gesundheitsfördernde Aerosol-Wirkung. Die Anlage ist 9 m hoch und 300 m lang. Übernachten Sie in einem historischen Gebäude im Zentrum, im *Hotel Bast (40 Zi. | ul. Królowej Jadwigi 35 | Tel. 052 3 57 20 24 | www.hotelbast.pl | €€)*. Gute polnische und litauische Küche gibt es im *Kresowianka (Szosa Bydgoska 24 | Tel. 05 23 55 25 25 | €€)*.

Sie verlassen Inowrocław auf der Landstraße 15 und biegen hinter der Stadtgrenze links auf die 412 nach **Kruszwica** ab (12 km). Neben der Stiftskirche, die malerisch auf einer Anhöhe am Ufer des Gopło-Sees liegt, sind vor allem die Ruinen der *Burg* aus dem 14. Jh. sehenswert. Um einen ihrer Türme rankt sich eine volkstümliche Legende: Der grausame König Popiel hatte sich aus Angst vor seinen geknechteten Untertanen in dem Turm verbarrikadiert. Doch auch dort ereilte ihn das Schicksal – Mäuse fraßen ihn bei lebendigen Leibe auf. Daher der Name *Mäuseturm (Mysia Wieża)*.

Von Kruszwica fahren Sie auf der Landstraße 62 nach **Strzelno** (14 km). Die Rotunde der *Kirche des hl. Prokopius (Kościół św. Prokopa)*, die im 12./13. Jh. auf kreisrundem Grundriss errichtet wurde, ist das größte romanische Bauwerk dieser Art in Polen. In der Klosterkirche befinden sich vier romanische Säulen, die erst 1946 entdeckt wurden. Sie sind mit weiblichen Figuren geschmückt, die Laster und Tugend symbolisieren.

Auf dem Rückweg fahren Sie auf der Landstraße 15 ca. 14 km hinter Strzelno durch den Ort *Wylatowo*. Regelmäßig entstehen hier auf den Feldern über Nacht riesige, komplizierte Piktogramme, deren Herkunft bislang ungeklärt ist. Bis Gniezno sind es dann noch ca. 30 km. Übernachten können Sie in **Czerniejewo**, 14 km südlich von Gniezno, in einem schönen klassizistischen Palast mit Kutschen und Stallungen auf dem Gelände einer landwirtschaftlichen GmbH *(Pałac | 31 Zi. | ul. Gen. Lipskiego 5 | Tel. 06 14 27 30 30 | www.czerniejewo-palac.pl | €€)*.

2 FAHRT ENTLANG DER OBEREN WEICHSEL

Von Warschau nach Südpolen den malerischen und wilden Weichselstrom entlang, durch verträumte Städtchen mit den Spuren vergangener Blütezeit. Man kann die Reise von Warschau in den Süden bequem und schnell über die Autobahn antreten. Doch nehmen Sie sich lieber ein wenig Zeit. Genießen Sie die schöne Landschaft an der oft noch ursprünglichen Weichsel, und machen Sie Rast in malerischen Orten. Die Strecke von Warschau nach Sandomierz ist etwa 450 km lang.

In der Region Masowien, dem Tiefland der Weichsel, ist die Kartoffelernte noch harte Arbeit

Die **Wisła** (Weichsel) ist der größte polnische Fluss mit knapp 1100 km Länge. Sie nimmt ihren Anfang in den Karpaten und mündet bei Danzig in die Ostsee. Wer heute das breite

Flussbett sieht, für den ist es schwer vorstellbar, dass die Weichsel vor 200 Jahren noch ein schmaler, reißender Fluss war. Erst nach Waldrodungen konnte sie sich so ausbreiten und versanden. Heute gehört der Fluss zu den wenigen Strömen in Europa, die nicht reguliert sind.

Von Warschau fahren Sie auf der Landstraße 79 etwa 40 km in Richtung Piaseczno nach **Góra Kalwaria** (Kalvarienberg). Die kleine Stadt (24000 Ew.) liegt auf der alten Handelsstraße nach Czersk und war seit dem 17. Jh. ein Wallfahrtsort mit einem Kreuzweg nach dem Vorbild des Kalvarienbergs in Jerusalem. Von der Anlage hat nur noch die barocke *Pilatuskapelle (Kaplica Piłata | ul. Dominikańska)* mit einem Gemäldezyklus der Passion Christi aus dem Jahr 1700 überdauert. Besuchen Sie den hl. Antonius im ehemaligen Klostergarten der *Pfarrkirche (Kościól Pobernardyński)*. An die Holzfigur des Heiligen knüpfen sich zahlreiche lokale Legenden. Wer an seine Wundertätigkeit glaubt, kann ihn um Hilfe in Herzensangelegenheiten bitten. Machen Sie einen schönen Spaziergang den Fluss entlang nach **Czersk** (3 km). Das Dorf war im Mittelalter bis zum Aufstieg Warschaus eine wichtige Handelsstadt, bekannt für ihre Tuchmanufakturen. Von dieser bedeutenden Vergangenheit zeugen die Ruinen der *Burg (Zamek)*, von denen aus man einen schönen Ausblick auf die Warschauer Tiefebene hat. Machen Sie eine Kaffeepause in der *Villa Czersk (ul. Warszawska 23 | Tel. 02 27 36 21 88 | www.villaczersk.pl)* mit einem Panoramablick auf die Schlossruinen der Masowischen Herzöge.

Fahren Sie nun weiter auf der Landstraße 79 nach **Kozienice** und dann bis zur Brücke auf der 48 nach **Dęblin**

Kazimierz Dolny: Die Ruine der Burg aus dem 14. Jh. ist nur ein Anziehungspunkt des Ortes

auf das Westufer der Weichsel. Am Fluss entlang geht es dann 20 km weiter nach Puławy. **Puławy** (53 000 Ew.) ist heute eine mittlere Industriestadt, bekannt vor allem für ihre Stickstoff- und Kunstdüngerproduktion. Ihre Bedeutung erlangte die Stadt um 1800, als Izabella Czartoryska, die Gattin des Aufklärers Fürst Czartoryski, sie zu einem politisch-kulturellen Zentrum erhob, indem sie die besten Künstler, Schriftsteller und Wissenschaftler hier versammelte. Einen ganz besonderen Charme hat der von ihr in Auftrag gegebene romantische *Sybillentempel (Świątynia Sybylii | Di–So 10–16 Uhr | ul. Czartoryskich)*, erbaut nach dem Vorbild des Tempels der antiken Göttin der Weisheit, Vesta, in Tivoli bei Rom. Die Rotunde mit korinthischen Säulen war das erste Museum, das überhaupt in Polen gegründet wurde und bildete mit Exponaten zur polnischen Geschichte die Keimzelle für das Czartoryski-Museum in Krakau. Es steht neben anderen stilvollen Gebäuden, die von Izabella Czartoryska errichtet wurden, in einem schönen *Landschaftspark (Park Krajobrazowy)* hinter dem Czartoryski-Palais. *www.ipulawy.pl*

▶▶ Im Pub *K2* treffen sich in geschmackvollem, modernem Ambiente die Reichen und Schönen der Gegend auf einen gepflegten Drink *(ul. Centralna 2 a | Tel. 08 18 88 98 00 | www.k2.pulawy.pl)*.

Etwa 15 km südlich von Puławy liegt über dem rechten Ufer der Weichsel terrassenförmig das Städtchen ▶▶ **Kazimierz Dolny** *(S. 68)*. Das harmonische Stadtbild und die malerische Umgebung mit Kreidefelsen und Erosionsschluchten inspirierte viele Maler und Bildhauer. Bekannte polnische Schriftsteller ließen sich hier nieder. Heute zieht es vor allem die Warschauer Boheme in das verträumte Städtchen.

Es lohnt sich, zu den Ruinen des Schlosses zu gehen, wo man vom *Wachturm* aus dem 13. Jh. aus einen schönen Blick auf die Weichsel hat. Schön ist auch der etwa dreiviertelstündige Spaziergang flussaufwärts in das alte Dorf **Mięćmierz**, ein natürliches Freilichtmuseum, in dem viele alte Bauernhäuser aus der Umgebung wieder aufgebaut wurden. Dort haben Sie vom Aussichtspunkt *Albrechtówka* einen überwältigenden Blick auf den Weichseldurchbruch und die Ebene von Radom. Übernachten können Sie in Kazimierz Dolny unweit des Marktes mit Weichselblick in der *Willa Agnieszka (12 Zi. | ul. Krakowska 41 a | Tel. 08 18 82 04 11 | €)*.

Von Kazimierz Dolny führt der Weg nun etwa 80 km nach **Sandomierz** *(S. 98)*, das sich durch einen ähnlich harmonischen Gleichklang von Kunst, Architektur und Natur wie Kazimierz auszeichnet. Wunderschön ist der *Marktplatz* mit seinem gotischen Rathaus und den reich verzierten Kaufmannshäusern. Vom *Oleśnicki-Palais* startet eine Tour durch die Labyrinthe der ehemaligen Warenlager *(Mai–Sept. tgl. 10–17, Okt.–April tgl. 10–15.30 Uhr | 7 Zł.)*. Übernachten können Sie stilvoll am Markt, wo Sie auch gut bekocht werden und im Sommer auf der Terrasse sitzen können: *Hotel Pod Ciżemką (9 Zi. | Rynek 27 | Tel. 01 58 32 05 50 | €€)*.

EIN TAG IN KRAKAU

Action pur und einmalige Erlebnisse.
Gehen Sie auf Tour mit unserem Szene-Scout

DAS FRÜHSTÜCK WIRD SÜSS

9:00

Bloß kein Stress am Morgen! Erst mal im *Café Noworolski* in den Samtstühlen versinken und einen Kaffee und ein Stück Nusskuchen bestellen. Der Kuchen ist weltberühmt und am Morgen noch ofenwarm! Zudem kann man von hier bestens das Treiben auf dem Marktplatz beobachten. **WO?** *Rynek Główny 1 | www.noworolski.com.pl*

10:30

KRAKAU BY KAJAK

Ran an das Paddel! Mit dem Kajak die Weichsel entlangschippern, die Stadt und das Wawel-Schloss aus einer anderen Perspektive entdecken. Die besten Krakau-Fotos schießt man vom Boot aus. **WO?** *Sks Nadwiślan Sports Club, ul. Kościuszki 16 | Kosten: ab 5 Euro | www.aquafun.net.pl*

LUNCH DELUXE

12:00

Spätestens jetzt meldet sich der Hunger! Das Restaurant *Bohema* ist genau die richtige Adresse. Unter beeindruckendem Gewölbe gibt's polnisch-kulinarische Leckereien. Auf keinen Fall sollte man sich die Pilzsuppe entgehen lassen, die in einem Brotmantel serviert wird. Als Hauptgang-Highlight essen Gourmets den Zander auf Spinat in Butterpilzsoße. **WO?** *ul. Gołębia 2 | Tel. 01 24 30 26 83 | www.bohema.cracow.pl*

14:00

GO EAST

Anschnallen und ab in die Vergangenheit! Start frei für die *Communist Tour Deluxe*. In einem Trabant oder Polski Fiat tuckert man an Stationen kommunistischer Vergangenheit vorbei. Zum Beispiel an sozialistisch geprägten Vororten wie Nowa Huta. Mit auf dem Programm: ein Besuch in einer typisch sozialistischen Wohnung. Außerdem gibt's auf Wunsch noch eine Fahrstunde im legendären Trabi. **WO?** *Krakusow 1a/31 | Anmeldung und Treffpunkt unter Tel. 05000/912 00 | Kosten: ab 33 Euro | www.crazyguides.com*

24h

STYLISHE TONARBEIT

17:00

Jetzt sind eine ruhige Hand und eigener Stil gefragt! Im Hof *Czeczow* am Haus der Kultur designt man seinen ganz persönlichen Tonkrug. Die erfahrene Künstlerin Pani Lucja hilft beim Töpfern und Signieren. **WO?** *Ksiedza Jerzego Popiełuszki 36 | Kosten: 70 Euro | Anmeldung unter: Tel. 01 26 51 39 13 | www.dworczeczow.pl*

19:00

BIG IN JAPAN

Tokio liegt gleich um die Ecke! Das beste Sushi der Stadt isst man in der Altstadt von Krakau im *Edo*. Kein Wunder, die Besitzer importieren die leckeren Zutaten für ihre Sashimis und Nigiris direkt aus Japan. Die Köstlichkeiten werden nach jahrhundertealten Rezepten hergestellt und in original japanischem Ambiente serviert! Also Stäbchen in die Hand und immer schön verbeugen! **WO?** *ul. Bożego Ciała 3 | Tel. 01 24 22 24 24 | www.edosushi.pl*

KUNSTVOLLER APERITIF

21:00

Jetzt heißt es mitten rein in die Kunstszene! Der erste Drink des Abends garantiert interessante Gespräche. In diesem Konzept-Club legen nicht nur DJs abwechselnd Modern Jazz und Elektro auf, auch Livebands sorgen für gute Stimmung. Außerdem: Kunst satt! Grafiken, Videoinstallationen und Modern-Art-Ausstellungen bieten jede Menge Gesprächsstoff, während die Bässe wummern! **WO?** *Rynek Główny 30 | Tel. 607 79 70 46 | www.foliaclub.pl*

23:30

SCHATTENSPIELE

Auf zum *Cień Klub*. Übersetzt heißt der Name „Schatten". Die wechselnden internationalen DJs, die Elektro, Breakbeat, Speed Garage an einem und Dirty House oder Rap an einem anderen Abend spielen, führen aber garantiert kein Schattendasein. Hier trifft sich die trendigste Szene Krakaus. Und wer in sein will, der muss hier rein! **WO?** *ul. Świetego Jana 15 | Tel. 01 24 22 21 77 | www.cienklub.com*

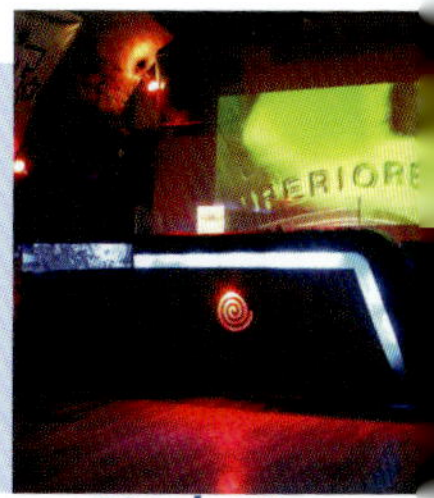

> TOBEN SIE SICH MAL AUS!

Das Angebot an Sport- und Freizeitaktivitäten in Polen ist so vielfältig wie die Natur

> Keine Wünsche bleiben offen für den, der seinen Urlaub in Polen aktiv gestalten möchte. Wandern, Radfahren, Eissegeln, Kitesurfen? Alles möglich. Die Infrastruktur ist sehr gut, und die Preise sind niedrig. Die meisten Hotels können Ihnen die richtigen Anlaufpunkte für Ihre Sportart nennen.

Besser ist es allerdings, sich im Vorfeld einen Überblick zu verschaffen. Alle nötigen Informationen sind bei der offiziellen Vertretung des polnischen Touristikverbandes in Berlin zu bekommen *(Kurfürstendamm 71 | 10709 Berlin| Tel. 030/210 09 20| www.polen.travel.de)*.

ANGELN

Polen ist mit seiner langen Ostseeküste, seinen Flüssen, Tausenden von Seen, den vielen Talsperren und Teichen ein Paradies für Angler auf u.a. Lachs, Meerforelle, Hecht, Aal, Zander und Karpfen. Angelgenehmigung

Bild: Eissegler auf dem Spirdingsee

SPORT & AKTIVITÄTEN

je nach Region 55–222 Zł., Tageskarte 30 Zł. *Polski Związek Wędkarski (Polnischer Anglerverband) | ul. Twarda 42 | Warszawa | Tel. 02 26 20 89 66 | Fax 02 26 20 89 66 | www.zgpzw.pl*

EISSEGELN

Im Winter ist auf den zugefrorenen Seen Masurens Eissegeln angesagt. *www.ferie-zimowe.pl/bojery_na_mazurach.php*

FAHRRADTOUREN

Im ganzen Land gibt es mehrere Tausend Kilometer markierte Radwege, das Netz wird ständig ausgebaut. In den wichtigen Ferienregionen bieten viele Hotels und Pensionen Leihfahrräder an. Der bergige Süden eignet sich gut für Mountainbiker, der Rest des Landes ist überwiegend flach oder leicht hügelig und stellt keine allzu großen Anforderungen an die Kondition der Fahrer. Strecken-

und Tourenpläne erhalten Sie in regionalen Touristinformationen und beim *Polnischen Tourismusverband PTTK | ul. Senatorska 11 | Warszawa | Tel. 02 28 26 22 51 | Fax 022 8 26 25 05 | www.pttk.pl*

GOLF

Seit den 90er-Jahren gewinnt Golf immer mehr Anhänger, inzwischen gibt es über 50 Plätze. *Polish Golf Union | LIM Center | Al. Jerozolimskie 65/79 | Warszawa | Tel. 02 26 30 55 60 | Fax 02 26 30 55 61 | www.pzg-golf.com.pl*, *www.golf.pl*

Top ist der *Amber Baltic Golf Club (ul. Baltycka 13 | Kolczewo/Wollin | Tel. 09 13 26 51 10 | www.abgc.pl)*.

KAJAK & KANU

Polen bietet herrliche Routen für Kajak- und Kanufahrer. Kanus und Ruderboote sind an vielen Seen für 8–10 Euro/Std. zu mieten. Die 100-km-Strecke auf der Krutynia über 17 Seen durch Naturschutzgebiete ist legendär. Ebenso die Czarna-Hańcza-Route durch den Wigry-Nationalpark oder der Oberländische Kanal. Informationen für Masuren unter *www.as-tour.de*, sonst *Polski Zwiazek Kajakowy (Polnischer Kajakverband) | ul. Erazma Ciolka 17 | Warszawa | Tel. 02 28 37 14 70 | Fax 02 28 77 24 60 | www.pzkaj.pl*.

OFFROAD-TOUREN

Mehrere Veranstalter bieten Off-road-Touren durch das wald- und seenreiche Gebiet der Region Drawsko-Pomorskie und das niederschlesische Eulengebirge an, z.B. *Przygoda (Zbrojewo 2 | Drawsko Pomorskie | Tel. 06 03 74 44 50 | www.njz.pl)*. Im Nordwesten Polens veranstaltet die Tourismusagentur MTM eine „Pommern-Safari“: *mtm – Maritime Touristic Management | ul. Czorstyńska 14 | Szczecin | Tel. 09 14 87 23 89 | www.mtm.inet.pl*.

Gipfel auf der Grenze zu Tschechien: die Schneekoppe im Riesengebirge

SPORT & AKTIVITÄTEN

REITEN

Die Pferdezucht hat in Polen eine alte Tradition. In den letzten Jahren entwickelt sich „Urlaub im Sattel" zum Massensport. Es gibt über 1000 Gestüte und Reitzentren, viele davon in schönen alten Gutshäusern oder Schlössern. Infos zum Reittourismus unter *www.pttk.pl*. Mehrtägige Wanderritte durch Polen: *www.urlaubspferd.de*, *www.pferdreiter.de*. Daneben gibt es immer mehr private Reitzentren und -schulen, z.B. *Pensjonat Sasek | Sasek Mały 14 | Szczytno | Tel. 08 96 22 11 60 | www.sasek.pl*.

Insider Tipp

SEGELN & SURFEN

Zum Segeln und Windsurfen eignen sich besonders die Seengebiete in Masuren, aber auch im nördlichen Podlasie, in West- und Ostpommern, Großpolen und in der Region Lubuskie. Für Hochseesegler werden die Yachthäfen in Świnoujście, Kołobrzeg, Ustka, Łeba, Gdańsk und Gdynia empfohlen. Info: *Polski Zwiazek Żeglarski (Poln. Seglerverband | ul. Chocimska 14 | Warszawa | Tel. 02 28 48 04 83 | Fax 02 28 48 04 82 | www.pya.org.pl)*. Hochburg der Surfer ist die Halbinsel Hela. Stark im Kommen ist das Kitesurfen vor Hela, das auch ein Austragungsort der Kitesurf Trophy Tour ist.

TAUCHEN

Die besten Tauchgebiete für Anfänger befinden sich in den Seengebieten von Masuren und der Kaschubei. Auf dem 44 m tiefen Grund des masurischen Mamry-Sees können Taucher sogar ein um 1600 überflutetes Dorf „besuchen". *Komisja Działalności Podwodnej, KDP PTTK (Abteilung für Tauchsport des Polnischen Tourismusverbandes) | ul. Senatorska 11/25 | Warszawa | Tel. 02 28 26 12 51 | Fax 02 28 26 83 89, | www.kdp-pttk.org.pl*

WANDERN

In ganz Polen, vor allem im Norden und in den Bergregionen, besteht ein dichtes Netz von Wanderwegen. Insgesamt gibt es rund 9000 ausgewiesene Strecken. An den wichtigsten Wanderwegen liegen ganzjährig geöffnete Herbergen und im Sommer geöffnete Campingplätze. *PTTK (Poln. Tourismusverband | s. S. 109)*

WINTERSPORT

Polens Winterhauptstadt ist Zakopane in der Hohen Tatra mit den höchsten Bergen Polens *(www.zakopane.pl)*. Weitere Skigebiete befinden sich in den Beskiden in Szczyrk *(www.szczyrk.com.pl)*, wo es 50 km lange Abfahrten gibt, und in Wisła, *(www.wisla.pl);* auch Krynica *(www.krynica.pl)* bietet gute Bedingungen. Am weitesten westlich liegen die Skizentren der Sudeten: Karpacz (Krummhübel) mit einem größeren Skizentrum auf der Mała Kopa, *(www.kopa.com.pl)*, der Berg Czarna Góra *(www.czarnagora.com.pl)* in der Nähe von Kłodzko (Glatz) und Szklarska Poręba (Schreiberhau), das größte und modernste Skigebiet mit Abfahrten von etwa 20 km Länge *(www.sudetylift.com.pl)*. Saison: Dez.–April, Tageskarte 14, 7-Tage-Karte 75 Euro.

Ein einmaliges Naturerlebnis verschaffen Schneeschuh-Wanderungen „auf den Spuren der Wölfe" durch die südostpolnische Bieszczady *(www.albatros-outdoor.de)*.

Insider Tipp

> SPORT, SPASS UND NATUR

Natur, Tiere, Wikinger, Dinos und Experimente – in Polen kommen die Kleinen ganz groß raus

> Die Kinderfreundlichkeit der Polen macht das Reisen mit Kindern angenehm. Für die Kleinen finden das ganze Jahr über die verschiedensten Veranstaltungen statt, und es gibt ein breites Angebot für Freizeit mit Kindern.

Dabei legt man in der Regel Wert darauf, dass Kinder selbstständig aktiv werden, und sieht keinen Widerspruch zwischen Spaß haben und Lernen. Besonders im Sommer und in den übrigen Schulferien ist Polen für Familien mit Kindern ein ideales Reiseziel – und obendrein sind viele Angebote preiswert.

OSTSEEKÜSTE & MASUREN

ABENTEUERSPIELPLATZ [129 F2]

Der größte Abenteuerspielplatz Polens in Gdynia (Gdingen) bietet auch für kleine Besucher viele kindgerechte Attraktionen: eine Rennstrecke mit kleinen Quads, eine Kletterlandschaft aus Seilen, eine Kletterwand, Hüpf-

MIT KINDERN UNTERWEGS

burgen und Rutschen sowie einen klassischen Spielplatz. *Tgl. 9–21 Uhr, im Winter 10–16 Uhr | Kolibki Adventure Park | ul. Bernadowska 1 | Gdynia | www.adventurepark.pl | Eintritt 15 Zł., Kinder 5–15 Zł., einzelne Attraktionen für Erwachsene extra*

LUSTIGE STÄDTCHEN
Entlang der Ostseeküste sieht man sie im Sommer überall: die *Wesołe miasteczka* („Lustige Städtchen"), kleine Rummelplätze mit nostalgischem Charme nur für Kinder.

WIKINGERFESTIVAL [128 B3]
Jedes Jahr im Sommer findet auf der Insel Wollin das Wikingerfestival statt. Man kann den Kämpfen der Wikingerschiffe auf dem Wasser sowie den Ringern, Speerwerfern und Bogenschützen an Land zuschauen. Es gibt eine Wikingersiedlung, Wikingeressen und -kunsthandwerk. Bei

vielem kann man mitmachen. Informationen: www.wrota.wolin.pl

WILDPARK [131 D3]
In diesem ca. 40 ha großen Park mit Tieren aus der masurischen Region werden Führungen angeboten. Ein großer Teil der Tiere darf gestreichelt und gefüttert werden. *Tgl. 9.30 Uhr bis Sonnenuntergang | Park Dzikich Zwierząt | Kazidłowo | Eintritt 15 Zł., Kinder 3–16 Jahre 7,50 Zł.*

RUND UM POSEN

Insider Tipp

DINOSAURIER-PARK [137 D3]
Im April 2007 eröffnet, verbindet der familienfreundliche Park beispielhaft Spaß und Wissenswertes. Kindgerechte Führungen auf den Lehrpfaden mit riesigen Dinosauriermodellen. *April tgl. 10–18, Mai–Sept. 9–20, Okt. 10–18 Uhr | Zaurolandia-Park Dinozaurów | ul. Kolejowa 99 | Rogowo | www.zaurolandia.pl | Eintritt 13,50 Zł., Kinder 9,50 Zł., Familienkarte 38 Zł. inkl. Führung*

ZOO [136 B4]
Vom Malta-See am Rand Posens kann man mit der Schmalspurbahn „Maltanka" direkt in den Tierpark hineinfahren *(Mai–Mitte Okt. Mo–Fr stündl. 10–18 Uhr, Sa/So halbstündl. 10–18 Uhr, Fahrt 4,50 Zł., Kinder bis 16 Jahre 3 Zł.)*. Der Zoo liegt auf einem landschaftlich reizvollen, 117 ha großen Gelände. Die Tiere werden in Freigehegen unter annähernd natürlichen Bedingungen gehalten. Attraktionen sind der weiße Panther und das weiße Nashorn. *Tgl. ab 9 Uhr, Schließung je nach Saison | ul. Krańcowa 81 | Poznań | Eintritt 9 Zł., Kinder 6 Zł.*

RUND UM WARSCHAU

EXPERYMENTARIUM [134 B1]
Das interaktive Museum erklärt Phänomene aus Wissenschaft, Technik und Natur mithilfe von Experimenten, an denen die Besucher aktiv teilnehmen. Statt „Bitte nicht berühren" wird ausdrücklich gebeten: „Drücken", „Heben", „Geh hinein"! Wie mache ich eine gigantische Seifenblase? Wie wird Papier hergestellt? Was sind Schallwellen? Die Antworten (und viele andere) gibt es hier. *Tgl. 10–21 Uhr | ul. Karskiego 5 | Łódź | www.experymentarium.pl | Eintritt ab 12 Zł., Kinder ab 10 Zł.*

INTERAKTIVES KINO [0]
Im Cinema Park werden die Mitmacher in den Themensälen Musik, Tasten, Bewegung, Inspiration, Vorstellung und 3D durch neueste Computertechnik in Staunen versetzt. Hier kann man z.B. eigene Musikstücke mit Ton und Licht komponieren oder virtuelle Reisen in den Kosmos, in den menschlichen Körper oder die Tierwelt unternehmen. *Tgl. 11 und 16 Uhr | Cinema Park Bemowo | ul. Powstańców Śląskich | Warszawa | www.cinemapark.pl | Eintritt 29 Zł.*

PUPPENTHEATER
In Warschau gibt es zwei empfehlenswerte Puppentheater, die Klassiker der Kinderliteratur – daher auch für ausländische Kinder geeignet – adaptieren: *Teatr Lalka | Plac Defilad 1 | Pałac Kultury i Nauki |* [U B4] *| www.teatrlalka.waw.pl* und das älteste Puppentheater für Kinder in Polen, das seit 1926 spielende *Teatr BAJ | ul. Jagiellońska 28 |* [U E1] *| www.teatrbaj.waw.pl*

SCHLESIEN

AQUAPARK WASSERWELT [140 C5]

Im Aquapark in Bad Kudowa können die Kinder auf einer 92 m langen Wasserrutsche mit Wassertunnel, aber auch auf der Kinderkegelbahn oder im Spielesaal Spaß haben. *Mo–Fr 9–21, Sa/So 10–21 Uhr | Aquapark Wodny Świat | ul. Moniuszki 2a | Kudowa Zdrój | www.basen.kudowa.pl | Eintritt ab 9 Zł., Kinder ab 4 Jahren ab 7,50 Zł.*

SPIELZEUGMUSEUM [140 C5]

Auf 230 m² zeigt das größte polnische Spielzeugmuseum in Bad Kudowa seine Schätze. *Mai–Sept. tgl. 10–17, Okt.–April tgl. 10–16 Uhr | Muzeum Zabawek Bajka | ul. Zdrojowa 46b | Kudowa Zdrój | www.kudowa.zdroj.pl/bajka | Eintritt ab 6 Zł., Kinder 3 Zł.*

VON KRAKAU BIS PRZEMYŚL

FLUSSFAHRT [134 B5]

An der rauen Gebirgslandschaft vorbei schippert man in Holzkähnen 2–3 Std. auf dem wilden Fluss Dunajec. Abfahrt in Sromowice Wyżne/Kąty. *Ende Mai–Okt. tgl. 8–16 Uhr | 34 Zł.*

WASSERPARK [134 B4]

Im größten Wasserpark Polens mit 2000 m² chlorfreier Wasserfläche und Temperaturen um 29 Grad können Kinder in Schwimmtunneln, in reißenden Flüssen, auf Rutschen und in allen anderen erdenklichen Einrichtungen viel Spaß haben. Darüber hinaus gibt es Wellness, Heilbäder und Wassersport. *Tgl. 8–22 Uhr | Park Wodny | ul. Dobrego Pasterza 126 | Kraków | www.parkwodny.pl | Eintritt ab 11 Zł.*

Große Leute reiten auf großen Pferden, kleine Leute schauen zu oder reiten auf Ponys

> VON ANREISE BIS ZOLL

Urlaub von Anfang bis Ende: die wichtigsten Adressen und Informationen für Ihre Polen-Reise

ANREISE

AUTO

Für die Einreise mit dem PKW über einen der 23 Grenzübergänge nach Polen genügt der Führerschein. Die grüne Versicherungskarte ist nicht mehr Pflicht. Seit dem Beitritt Polens zum Schengen-Abkommen gibt es keine Passkontrollen mehr an der Grenze. Das Autobahnnetz befindet sich noch im Aufbau. Gebührenpflichtig (je ca. 11 Zł., also ca. 2,50 Euro) sind mehrere Abschnitte auf der A2 zwischen Nowy Tomyśl und Stryków und auf der A4 zwischen Kattowitz und Krakau. An einigen Mautstationen kann man nur bar bezahlen! Die meisten nehmen aber auch Kreditkarten. Wenn Sie in Euro zahlen wollen, werden nur Scheine angenommen.

BAHN

Der Euro-City von Berlin braucht 6 Std. nach Warschau. Er fährt dreimal täglich und ist reservierungspflichtig. Der Intercity aus Hamburg über Berlin nach Breslau und Krakau fährt 12 Std. 40 Min. Es fahren auch vier Nachtzüge von Berlin, Köln und Dresden nach Warschau. Regionalexpress-Züge (RE) verkehren mehrmals am Tag von Berlin nach Kostrzyn (Küstrin) sowie nach Szczecin (Stettin), Fahrradmitnahme möglich. Im Sommer gibt es direkte Verbindungen zwischen Berlin und Świnoujście (Swinemünde), Fahrzeit ca. 4,5 Std. *Fahrplanauskunft: Polnische Bahn (Polskie Koleje Państwowe | Tel. 030/24 72 99 98 | www.pkp.pl)* und *Deutsche Bahn (Tel. 01805/ 99 66 33 | www.bahn.de).*

BUS

Zwischen vielen Städten in Deutschland und Polen gibt es regelmäßige Busverbindungen. Auskunft über diese preiswerteste Art, nach Polen zu reisen: *www.polen-travel.de*

In Polen existiert ein dichtes Netz der PKS-Busse auf Normal- und Schnellstrecken. Tickets in Busbahnhöfen, Reisebüros und beim Fahrer.

FLUGZEUG

Es gibt Flugverbindungen in alle wichtigen polnischen Großstädte. Neben den etablierten Linien LOT *(www.lot.com)* und Lufthansa verkehren auch zahlreiche Billigflieger (Centralwings, Easy Jet, Germanwings, Ryan Air u. a.). *Aktuelle Infos bei den Fluggesellschaften und unter www.polen-travel.de*

AUSKUNFT

POLNISCHES FREMDENVERKEHRSAMT

Kurfürstendamm 71 | 10709 Berlin | Tel. 030/210 09 20 | Fax 210 09 14 | www.polen-travel.de

Lerchenfelder Str. 2 | 1080 Wien | Tel. 01/524 71 91 | Fax 01/524 71 20 | info@polen-info.at

AUTO

Höchstgeschwindigkeiten: innerorts 60, außerorts 90, Landstraßen mit zwei Spuren 100, Autobahn/Schnellstraße 130 km/h. Es besteht Anschnallpflicht, und von Oktober bis Februar ist auch tagsüber das Abblendlicht einzuschalten. Straßenbahnen haben immer Vorfahrt. Promillegrenze: 0,2. Bußgelder müssen sofort bezahlt werden. Das außerörtliche Tankstellennetz ist dicht; „ON" ist die Abkürzung für Diesel, ein durchgestrichenes „Pb" für bleifrei.

Pannenhilfe des Polnischen Motorverbandes PZM: *Tel. 981*, ADAC-Notruf in Polen mit deutschsprachigen Mitarbeitern: *Tel. 06 18 31 98 88*

WAS KOSTET WIE VIEL?

BUS	**CA. 60 CENT** für eine Stadtfahrt
KAFFEE	**1,25 EURO** für eine Tasse
IMBISS	**2,50 EURO** für *zapiekanka*, käseüberbackenes Baguette
BIER	**1–2 EURO** für 0,3 l vom Fass
BENZIN	**1,10 EURO** für 1 l Super
EIS	**1,50 EURO** für zwei Kugeln

Auch wenn die Zahl der Autodiebstähle schon seit einigen Jahren rückläufig ist, sollte man bewachte Parkplätze benutzen. Die meisten Hotels verfügen über eigene bewachte Parkplätze, in großen Städten gibt es große Flächen mit einer Rund-um-die-Uhr-Bewachung. Bei Diebstählen in Polen greift grundsätzlich die Kaskoversicherung; Informationen über Ausnahmen sollte man bei der eigenen Autoversicherung einholen.

BAUERNHOF-URLAUB

Agroturystyk-Bauernhöfe bieten außer Unterkunft (5–10 Euro/Nacht) Reiten, Bootsfahrten, Angeln, Radtouren, Wanderungen etc. Die *Poln. Föderation für Tourismus auf dem Lande* zeigt auf ihrer Website über 600 Höfe: *www.agroturystyka.pl*, Info auch *www.wakacje.agro.pl*.Das Angebot für Ferien auf dem Land umfasst auch ca. 70 ökologisch bewirtschaftete Höfe, meist in Südpolen. Infos über *ECEAT (Europ. Zentrum für ökol. Landwirtschaft und Touristik)* | *www.eceat.de*

CAMPING

Es gibt etwa 220 gut ausgestattete Campingplätze. Sie sind in der Regel von Mai bis September, einige auch ganzjährig geöffnet. *Polnischer Campingverband (Polska Federacja Campingu i Caravaningu, PFCC)* | *Tel. 02 28 10 60 50* | *www.pfcc.info*

DIPLOMATISCHE VERTRETUNGEN

BOTSCHAFT DER BUNDESREPUBLIK DEUTSCHLAND

ul. Jazdów 12 | 00-467 Warszawa | Tel. 02 25 84 17 00 | Fax 022 5 84 17 39 | *www.ambasadaniemiec.pl*

BOTSCHAFT DER REPUBLIK ÖSTERREICH

ul. Gagarina 34 | 00-748 Warszawa | Tel. 02 28 41 00 81 | Fax 022 8 41 00 85 | *www.bmeia.gv.at/warschau*

BOTSCHAFT DER SCHWEIZ

Aleje Ujazdowskie 27 | 00-540 Warszawa | Tel. 02 26 28 04 81 | Fax 02 26 21 05 48 | *www.eda.admin.ch/warsaw*

EINTRITTSPREISE

Die Eintrittspreise für Museen, Ausstellungen, Schlösser, Kirchen etc. liegen zwischen 4 Zł. und 20 Zł. (also 1,10 und 5,50 Euro). Der teuerste Eintritt ist der in das Bergwerk Wieliczka mit 45 Zł. Eine Opernkarte kostet ab 30 Zł., eine Konzertkarte ab 20 Zł., eine Kinokarte ab 12 Zł. In vielen Museen ist an einem Tag in der Woche der Eintritt frei. Insider Tipp

GELD & WÄHRUNG

Der Złoty ist frei konvertierbar, der Wechselkurs ändert sich, meistens geringfügig, täglich. Den günstigsten Tageskurs bekommt man am Geldautomaten mit der EC-Karte. In Hotels, Restaurants und in den Geschäften kann man problemlos mit EC- oder z. B. Visa-Karte bezahlen. Möchten Sie mit Euro zahlen, dann werden Münzen nur ungern entgegengenommen, auch polnische Banken tauschen nur Scheine in Złoty.

GESUNDHEIT

In allen größeren Städten gibt es gut ausgestattete Krankenhäuser und

Ambulanzen. Die ärztliche und zahnärztliche Versorgung entspricht europäischem Standard. Deutsche Krankenkassen übernehmen im Krankheitsfall die Kosten, wenn Sie sich die Europäische Versicherungskarte EHIC (kostenlos) besorgen. Inzwischen sind in den größeren Städten auch große private Praxen wie *Damian, Medicover* oder *LuxMed* zu finden. In der Regel bieten diese ein wesentlich schnellere und auch bessere Behandlung, die allerdings bar bezahlt werden muss. Zudem sprechen die meisten Ärzte dort Englisch. Oft wird auch diese Behandlung von der Krankenkassen zu Hause übernommen.

Die Apotheken in allen größeren Städten sind mit allen Arzneimitteln gut ausgestattet und haben in der Regel die ganze Woche geöffnet.

HOTELS

Rund 1000 Hotels bieten ihre Dienste an, fast die Hälfte davon ist in die (internationale) 3-Sterne-Kategorie eingeordnet. In den meisten Hotels spricht man an der Rezeption englisch und/oder deutsch. In den Großstädten ist das Preisniveau guter Hotels mit dem westlichen vergleichbar, auf dem Land ist es etwas preiswerter. *www.hrs.com* | *www.hotel.pl* | *www.orbis.pl* | *www.polhotels.com*

INTERNET

www.culture.pl – Website der Adam-Mickiewicz-Universität, einer staatlichen Kulturinstitution (auch engl.).

www.dlastudenta.pl – Überblick über alles, was in der jeweiligen Stadt angesagt und hip ist (nur polnisch).

www.dizzydaisy.pl – preiswerte, einfache Unterkünfte in Studentenwohnheimen in Posen, Warschau, Krakau, Breslau, Danzig (auch dt.).

http://obiekty.pttk.pl – Übernachtungsmöglichkeiten in den Objekten der Polnischen Gesellschaft für Touristik und Heimatkunde; Infos zum Reit- und Gebirgssport sowie zu Zeltplätzen (auch engl.).

www.polen-billig.de – Online-Reisebüro mit umfassendem Angebot günstiger Hotels, Anfahrtstipps, Städtereisen, Wellness, Kuren u. v. m.

www.wbj.pl – „Warsaw Business Journal Online“, Fachzeitschrift mit Infos über Unternehmen und Geschäfte in und mit Polen (engl.).

WÄHRUNGSRECHNER

€	PLN	PLN	€
1	4,08	1	0,24
3	12,24	5	1,20
5	20,40	20	4,80
7	28,56	30	7,20
10	40,80	70	16,80
25	102,00	150	36,00
40	163,20	250	60,00
90	367,20	600	144,00
150	612,00	900	216,00

INTERNETCAFÉS & WLAN

In allen großen Städten und den meisten kleineren gibt es Internetcafés. Die Preise liegen bei 4–10 Zł., also 1–3 Euro, pro Stunde.

In fast allen Hotels gibt es mittlerweile einen Internetzugang, man bekommt das Kabel ausgeliehen. Mit Laptop und Modem kann man sich über die polnische Telefongesellschaft einloggen: *Tel. 020 21 22*, dann den Benutzernamen und *ppp* als Passwort.

Hotspots sind schon ziemlich verbreitet, sowohl in Hotels als auch als sogenannte „Touristen-Hotspots", das sind z.B. Plätze in größeren Städten. Infos über die vorhandenen Hotspots liefert z.B. *www.hotspot-locations.de*.

JUGENDHERBERGEN

Es gibt fast 150 ganzjährig geöffnete Jugendherbergen in Polen, weitere 300 öffnen im Sommer. *Polnisches Jugendherbergswerk (PTSM | www.ptsm.org.pl)*.Im Sommer verwandeln sich viele *Studentenheime* in Danzig, Krakau, Warschau, Posen und Breslau in Unterkünfte. Adressen in den Touristeninformationen der Städte, auf den Internetseiten der Universitäten und bei der Firma *Hostel Service Sp. J.* unter der Marke „Dizzy Daisy": *Tel. 01 24 22 32 58* | *www.hostel.pl*

MIETWAGEN

An Flughäfen und in den Großstädten sind internationale und kleinere Autovermieter vertreten, z.B. *Auto Tex (www.autotex.com.pl)*, *Avis (www.avis.pl)*, *Hertz (www.hertz.com.pl)*, *National Car Rental (www.nationalcar.com.pl)*, *Sixt (www.sixt.pl)*. Ein Kleinwagen für ein Wochen-ende im August kostet z.B. ab 190 Euro.

NOTRUFE

Ambulanz *Tel. 999*, Feuerwehr *Tel. 998*, Polizei *Tel. 997*, Pannenhilfe *Tel. 981*

ÖFFNUNGSZEITEN

Einzelhändler haben Mo–Fr 11–19 und Sa 11–14 Uhr geöffnet. Größere Kaufhäuser sind in der Regel sieben Tage die Woche 10–20 Uhr geöffnet. Lebensmittelläden öffnen bereits zwischen 6 und 8 Uhr, manche sind rund um die Uhr offen. Behörden und Banken sind in der Regel 8–17 Uhr, Postämter 8–16 Uhr geöffnet, zum Teil auch länger. Restaurants kennen normalerweise keinen Ruhetag.

POST

Briefe und Postkarten innerhalb Europas kosten 2,40 Zł., Eilzustellungen

WETTER IN WARSCHAU

	Jan.	Feb.	März	April	Mai	Juni	Juli	Aug.	Sept.	Okt.	Nov.	Dez.
Tagestemperaturen in °C	-1	0	5	13	19	23	24	23	19	13	6	2
Nachttemperaturen in °C	-6	-6	-2	3	9	12	14	13	10	5	1	-3
Sonnenschein Std./Tag	1	2	4	5	6	8	7	7	6	4	1	1
Niederschlag Tage/Monat	9	8	6	7	10	8	12	9	8	6	8	11

(Prioritaire) z. B. nach Deutschland 3 Zł. In der Regel braucht die Eilzustellung nach Deutschland vier Tage, die normale bis zu zehn Tagen.

SCHIFFSTOUREN

Ausflugsfahrten nach Polen veranstaltet die Reederei der Adler-Schiffe *(Tel. 04651/987 00 | www.adlerschiffe.de)*. Buchbar sind die reinen Überfahrten sowie zusätzliche Busrundfahrten mit deutschsprachiger Reiseleitung. Folgende Verbindungen werden regelmäßig angeboten: tgl. zwischen Bansin, Ahlbeck und Heringsdorf auf Usedom und Międzyzdroje auf Wollin mit Umsteigen in Świnoujście (Swinemünde) sowie zwischen Altwarp auf Usedom und Nowe Warpno (Neuwarp) mit Bustransfer nach Szczecin (Stettin).

Im Angebot sind ebenfalls verschiedene Flusskreuzfahrten in Polen, darunter die Flusskreuzfahrt Berlin–Stettin: *www.sternundkreis.de*. Für Schiffsausflüge auf der Ostsee: *www.zegluga.ga.pl*.

TAXI

Taxifahren ist in Polen immer noch sehr preiswert. Nehmen Sie aber nur Wagen mit Telefonnummer auf dem Dach und funktionierendem Taxameter. Leuchtet die Nummer, ist das Taxi frei. Die Startgebühr sind 6 Zł. Der Preis für jeden gefahrenen Kilometer ist bei regulären Taxis an der Seitenscheibe angezeigt. Pro Kilometer kommen zum Startpreis 2–3 Zł. hinzu. Nachttarife liegen etwa 50 Prozent darüber. Unbedingt ablehnen sollten sie auf mündlichen Angebote von Privatpersonen an Flughäfen und Bahnhöfen. Sie bezahlen in der Regel dann den doppelten oder dreifachen Preis.

TELEFON & HANDY

Telefonkarten für Automaten für 25, 50 und 100 Einheiten sind in Kiosken und bei der Post erhältlich. Die ehemalige Ortsvorwahl ist in die Anschlussnummer integriert worden; so wählt man nun bei allen Orts- und Ferngesprächen innerhalb Polens erst die alte Vorwahl (z.B. für Krakau 012), dann die 7-stellige Anschlussnummer. Bei Gesprächen ins Ausland gelten die internationalen Vorwahlnummern (Polen 0048, Deutschland 0049, Österreich 0043, Schweiz 0041). Telefonauskunft für Orts- und Fernverbindungen: *Tel. 11 89 13*.

Handys wählen sich automatisch in das einheimische Netz ein. Bei Gesprächen vom Festnetz zu einem Handy muss vor die Nummer eine „0" gewählt werden. Der Normaltarif für Gespräche in Polen hängt vom Netzbetreiber ab, liegt aber bei 0,50 bis 0,80 Euro/Min., von Polen nach Deutschland knapp unter einem Euro.

ZOLL

Mit dem EU-Beitritt sind Zollkontrollen weggefallen. Man kann Waren für den privaten Gebrauch frei ein- und ausführen, es gelten die EU-Zollbestimmungen. Am 1.1.2009 sind die letzten Einfuhrbeschränkungen weggefallen. Es gelten nun die Regeln des europäischen Binnenmarkts; z.B. dürfen 800 Zigaretten oder 110 l Bier ausgeführt werden. Für Antiquitäten, die vor Mai 1945 hergestellt wurden, braucht man eine Genehmigung des Denkmalkonservators der jeweiligen Woiwodschaft. *www.zoll.de*

> CZY MÓWISZ PO POLSKU?

„Sprichst du Polnisch?" Dieser Sprachführer hilft Ihnen, die wichtigsten Wörter und Sätze auf Polnisch zu sagen

Aussprache

Zur Erleichterung der Aussprache sind alle polnischen Wörter mit einer einfachen Aussprache (in eckigen Klammern) versehen. In mehrsilbigen Wörtern wird die vorletzte Silbe betont. Polnische Phonetik:

a = immer kurz	ó = u
ą = on (nasal) wie im Französischen	rz = französisches j in „Journal"
c = z wie in „Zeit" (nie wie k)	s = immer scharf
é = en (nasal) wie Französisch („in...")	ś = sj
ł = etwa wie englisches w	sz = sch
ń = nj wie in „Champagner"	ż = rz = französisches j

AUF EINEN BLICK

Ja./Nein./Vielleicht.	Tak. [tak]/Nie. [njä]/Może. [moschä]
Bitte./Danke.	Proszę. [proschän]/ Dziękuję. [dsiänkujän]
Entschuldigung!	Przepraszam! [pschäprascham]
Wie bitte?	Słucham? [suucham]
Ich verstehe Sie nicht.	Nie rozumiem pana/pani. [njä rossumjäm pana/panji]
Können Sie mir bitte helfen?	Czy może mi pan/pani pomóc? [tschi moschä mi pan/panji pommuz]
Ich möchte …	Chciałbym/Chciałabym … [chtschaubim/chtschauabim]
Das gefällt mir (nicht).	To mi się (nie) podoba. [to mi schän (njä) poddobba]
Haben Sie …?	Czy ma pan/pani …? [tschi ma pan/panji]
Wie viel kostet es?	Ile to kosztuje? [ilä to koschtujä]
Wie viel Uhr ist es?	Która godzina? [ktura goddsina]

KENNENLERNEN

Guten Morgen/Tag!	Dzień dobry! [dsiänj dobbri]
Guten Abend!	Dobry wieczór! [dobri wätschur]
Hallo!/Grüß dich!	Halo!/Witam! [chalo/witam]
Wie heißt du?	Jak się nazywasz? [jak schän nasiwasch]
Wie geht es Ihnen?	Jak się panu/pani powodzi? [jak schän panu/panji powwoddsi]

> www.marcopolo.de/polen

Danke. Und Ihnen?	Dziękuję. [dsiänkujän] A panu/pani? [a panu/panji]
Auf Wiedersehen!	Do widzenia! [do widsänja]
Gute Nacht!	Dobranoc! [dobbranotts]

UNTERWEGS

AUSKUNFT

links	na lewo [na läwo]
rechts	na prawo [na prawo]
geradeaus	prosto [prossto]
nah/weit	blisko [blisko]/daleko [daläko]
Bitte, wo ist ...?	Przepraszam, gdzie jest ...? [pschäprascham, gdsiä jäst]
Bahnhof	dworzec [dwaschez]/ kolejowy [kolejowi]
Bus	autobus [autobus]
Wie weit ist das?	Jak to jest daleko? [jak to jäst daläko]

PANNE

Ich habe eine Panne.	Mam awarię samochodu. [mam awarjän samochoddu]
Wo ist hier in der Nähe eine Werkstatt?	Gdzie jest tu w pobliżu warsztat samochodowy? [gdsiä jäst tu f pobblischu warschtat samochodowe]

TANKSTELLE

Wo ist bitte die nächste Tankstelle?	Przepraszam, gdzie jest najbliższa stacja benzynowa? [pschäprascham, gdsiä jäst najblischscha stazja bänsinowwa]
Ich möchte ... Liter	Chciałbym/chciałabym ... litrów [chtschaubim/chtschauabim ... litruf]
... Normalbenzin.	... benzyny niskooktanowej. [bänsini njiskoocktanowwäj]
... Super/Diesel.	... wysokooktanowej/ropy. [wisockoocktanowwäj/roppi]

UNFALL

Hilfe!	Ratunku! [ratunku]
Rufen Sie bitte schnell ...	Proszę wezwać szybko ...

	[proschän wäswatsch schipko]
… einen Krankenwagen.	… karetkę pogotowia. [karätkän poggottowwa]
… die Polizei.	… policję. [pollizjän]
… die Feuerwehr.	… straż pożarną. [strasch poscharnon]
Geben Sie mir bitte Ihren Namen und Ihre Anschrift.	Proszę mi podać pana/pani nazwisko i adres. [proschän mi poddatsch pana/panji naswisko i adräs]

ESSEN/UNTERHALTUNG

Wo gibt es hier …	Gdzie jest tu w pobliżu … [gdsiä jäst tu fpobblischu]
… ein gutes Restaurant?	… dobra restauracja? [dobbra rästaurazja]
Reservieren Sie uns bitte für heute Abend einen Tisch für vier Personen.	Proszę zarezerwować dla nas na dziś wieczór stolik na cztery osoby. [proschän saräsärwowwatsch dla nas na dsisch wjätschur stollik na tschtäri ossobbi]
Auf Ihr Wohl!	Pana/pani zdrowie! [pana/panji sdrowwjä]
Bezahlen, bitte.	Mogę zapłacić? [moggän sapuatschitsch]
Hat es geschmeckt?	Smakowało? [smakowwauo]
Das Essen war ausgezeichnet.	Jedzenie było znakomite. [jädsänjä biuo snakommitä]

ÜBERNACHTUNG

Können Sie mir bitte … empfehlen?	Może mi pan/pani polecić … [moschä mi pan/panji pollätschitsch]
… ein gutes Hotel…	… dobry hotel? [dobbri chottäl]
… eine Pension…	… pensjonat? [pänsjonnat]
Haben Sie noch Zimmer frei?	Czy ma pan/pani jeszcze wolne pokoje? [tschi ma pan/panji jäschtschä wollnä pockojjä]
ein Einzelzimmer	pokój jednoosobowy [pockuj jädnoossobbowwi]
ein Zweibettzimmer	pokój dwuosobowy [pockuj dwuossobbowwi]
mit Bad	z łazienką [s uasiänkon]
mit Dusche	z prysznicem [s prischnjizäm]
für eine Nacht	na jedną noc [na jädnon noz]

für eine Woche	na tydzień [na tidsiänj]
Was kostet das Zimmer mit …	Ile kosztuje pokój … [ilä koschtujä pockuj]
… Frühstück?	… ze śniadaniem? [sä schnjadanjäm]
… Halbpension?	… ze śniadaniem i kolacją? [sä schnjadanjäm i kollazjon]
… Vollpension?	… z całodziennym wyżywieniem? [s zauoddsiännim wischiwenjäm]
Kann ich das Zimmer ansehen?	Mogę ten pokój obejrzeć? [moggän tän pockuj obbäjschätsch]

PRAKTISCHE INFORMATIONEN

ARZT

Können Sie mir einen guten Arzt empfehlen?	Czy może mi pan/pani polecić dobrego lekarza? [tschi moschä mi pan/panji pollätschitsch dobbrägo läkascha]
Ich habe hier Schmerzen.	Tu mnie boli. [tu mnjä bolli]

BANK

Wo ist hier bitte …	Gdzie tu jest … [gdsiä tu jäst ...]
… eine Bank?	… bank? [bank]
… eine Wechselstube?	… kantor (wymiany walut)? [kantorr (wimjani walut)]
Ich möchte … Euro (Schweizer Franken) in Złoty wechseln.	Chciałbym/f Chciałabym wymienić … euro niemieckich (franków szwajcarskich) na złotówki. [chtschaubim/chtschau-abim wimänjitsch … euro njämäzkich (frankuf schfajzarskich) na suotuwki]

POST

Was kostet …	Ile kosztuje … [ilä koschtujä]
… ein Brief …	… list … [list]
… eine Postkarte …	… pocztówka … [pottschtufka]

ZAHLEN

1	jeden [jädän]	8	osiem [oschäm]
2	dwa [dwa]	9	dziewięć [dsiäwänjtsch]
3	trzy [tschi]	10	dziesięć [dsiäschänjtsch][
4	cztery [tschtäri]	100	sto [sto]
5	pięć [pänjtsch]	1000	tysiąc [tischonz]
6	sześć [schäschtsch]	1/2	jedna druga [jädna druga]
7	siedem [schädäm]	1/4	jedna czwarta [jädna tschwarta]

Zugefrorener Gebirgssee „Meerauge“ (Morskie Oko) in der Tatra

> UNTERWEGS IN POLEN

Die Seiteneinteilung für den Reiseatlas finden Sie auf dem hinteren Umschlag dieses Reiseführers

REISE ATLAS

A
B
C
1
2
3
4
5
6
Malmö, København
Trelleborg
Ystad
Rønne
Svaneke
Neksø
Aakirkeby
Bornholm (Dan.)
Hovedstaden
St. Peterburg
Morze Bałtyckie
Ostsee
Pommersche Bucht
Zatoka Pomorska
Kap Arkona
Altenkirchen
Vitte
Nat.P. Jasmund
Stubbenkammer
Königsstuhl
Ummanz
Sassnitz
Rügen
Bergen a.R.
Binz
Putbus
Garz
Göhren
Stralsund
Greifswalder Bodden
Greifswalder Oie
Mecklenburg-
Vorpommern
Grimmen
Peenemünde
Greifswald
Zinnowitz
Wolgast
Usedom
Bansin
Ahlbeck
Loitz
Züssow
Jarmen
Demmin
Peene
Lassan
Anklam
Stettiner Haff
Zalew Szczeciński
Ueckermünde
Nowe Warpno
Altentreptow
Friedland
Neubrandenburg
Torgelow
Strasburg
Pasewalk
Helpter Bge.
Woldegk
Neustrelitz
Feldberg
Löcknitz
Prenzlau
Lychen
Templin
Uckermark
Gartz (O.)
Gramzow
Fürstenberg
DEUTSCHLAND
Schwedt
Zehdenick
Joachimsthal
Angermünde
Eberswalde
Liebenwalde
Oranienburg
Bad Freienwalde
Bernau b.B.
Oderbruch
BERLIN
Strausberg
Neuenhgn.
Rüdersdf. b.B.
Müncheberg.
Fürstenwalde
Teltow
Königs Wusterhsn.
Zossen
Frankfurt (O.)
Słubice
Eisenhüttenstadt
Beeskow
Brandenburg
Baruth
Märkisch Buchholz
Gr. Schwielowsee
Lieberose
Lübben
Spreewald
Lübbenau
Dahme
30 km
Woliński P.N.
Wolin
Międzyzdroje
Świnoujście
Kamień Pomorski
Mrzeżyno
Niechorze
Kołobrzeg
Ustronie Morskie
Trzebiatów
Karlino
Pobrzeże
Gryfice
Golczewo
Płoty
Świdwin
Woj. zachodnio-pomorskie
Wysoka Kamieńska
Resko
Rega
Nowogard
Łobez
Dobra
Węgorzyno
Drawsko Pomorskie
Police
Ina
Jez. Dąbie
Goleniów
SZCZECIN
Maszewo
Chociwel
Stargard Szczeciński
Gryfino
Jez. Miedwie
Suchań
Recz
Choszczno
Odra
Nat.P. Unteres Odertal
Banie
Krajnik Dolny
Pyrzyce
Barlinek
Chojna
Myślibórz
Strzelce Krajeńskie
Dobiegniew
Mieszkowice
Dębno
Noteć
Drezdenko
GORZÓW WLKP.
Kotlina
Witnica
Kostrzyn
Seelow
Skwierzyna
Krzeszyce
Woj.
Sulęcin
Międzyrzecz
Pojezierze
Rzepin
Torzym
Łagów
Trzciel
Świebodzin
Zbąszyń
lubuskie
Sulechów
Kargowa
Krosno Odrzańskie
Bóbr
Gubin
Świdnica
ZIELONA GÓRA
Lubsko
132
E251
E28
E65
E55
E36
E30
162

D
E
F
1
2
3
4
5
6
Klaipėda
København
Karlskrona
Oxelösund
Nynäshamn
Baltijsk
Baltijsk Klaipėda
Słowiński Park Narodowy
Jez. Łebsko
Łeba
Krokowa
Władysławowo
Mierzeja Helska
Jastarnia
Zatoka Pucka
Hel
Wejherowo
Reda
GDYNIA
Sopot
GDAŃSK
Zatoka Gdańska
Izbica
Godętowo
Ustka
Słupia
SŁUPSK
Lębork
Mianowice
Maszewo Lęb.
Wieprza
Sławno
Łosino
Barcino
Suchorze
Sianów
KOSZALIN
Woj. pomorskie
Kartuzy
Uniechowo
Egiertowo
Pruszcz Gdański
Sztutowo
Nowy Dwór Gdański
Bytów
Kościerzyna
Nowa Karczma
Polanów
Jez. Wdzydze
Godziszewo
Tczew
Czarlin
Malbork
Sztum
Miastko
Bobolice
Brda
Starogard Gd.
Zblewo
Brusy
Biały Bór
Gniew
Wisła
Rzeczenica
Czersk
Skórcz
Wielimie
Barwice
Szczecinek
Człuchów
Chojnice
Łuby
Kwidzyn
Nowe
Osie
Gwda
Debrzno
Tuchola
Wda
Łasin
GRUDZIĄDZ
Lipka
Sępólno Krajeńskie
Jastrowie
Złotów
Jez. Koronowskie
Świecie
Paparzyn
Chełmno
Radzyń Chełmiński
Więcbork
Koronowo
Wałcz
Wąbrzeźno
Chełmża
Lipnica
BYDGOSZCZ
Piła
Wyrzysk
Fordon
Nakło n. Notecią
Woj.
TORUŃ
Ujście
Trzcianka
Chodzież
Kcynia
Szubin
Brzoza
Łabiszyn
Barcin
Gniewkowo
kujawsko-pomorskie
Czarnków
Wągrowiec
Żnin
Biskupin
Inowrocław
Wronki
Rogoźno
WŁOCŁAWEK
Oborniki
Mogilno
Strzelno
Radziejów
Brześć Kujawski
Jez. Gopło
Szamotuły
Murowana Goślina
Gniezno
POZNAŃ
Swarzędz
Chodecz
Kleczew
Sompolno
Bródów
Września
Słupca
Ślesin
Kłodawa
Mosina
Golina
Wielkopolski P.N.
Kórnik
Rogalin
Grodzisk Wlkp.
Środa Wlkp.
Pyzdry
Konin
Koło
Dąbie
Warta
Śrem
Woj. wielkopolskie
Rychwał
Łęczyca
Kościan
Turek
Jarocin
Prosna
Uniejów
Poddębice
Stawiszyn
Leszno
Gostyń
E28
E77
E75
E261
E30
A2
214
133

A
B
C
1
2
3
4
5
6
Sassnitz
København
Karlskrona
Nynäshamn
Oxelösund
+1h Gr. Time
+2h Gr. Time
Klaipėda
Rybačij
Nac. p. Kuršskaja kosa
Kuršskij zaliv
Pionerskij
Zelenogradsk
Svetlogorsk
Jantarnyj
Polessk
KALININGRAD
Demja
Gdan'skij zaliv
Primorsk
A193
Svetlyj
Baltijsk
Gvar
Pregolja
A194
Kaliningradskij zaliv
Nivenskoe
Laduškin
Kaliningra
A195
A196
Pravdinsk
Mamonovo
Dolgorukovo
Baltijskaja Kosa
Władysławowo
Mierzeja Helska
Jastarnia
Zatoka Pucka
Hel
Reda
GDYNIA
Zatoka Gdańska
Sopot
GDAŃSK
Mierzeja Wiślana
Krynica Morska
Z. Wiślany
Braniewo
Frombork
Tolkmicko
Żywkowo
Górowo Iławeckie
Bartoszyce
Sztutowo
Nowy Dwór Gdański
Pruszcz Gdański
Nowa Karczma
ELBLĄG
Pakosze
Wzniesienia Górowskie
Pieniężno
Wilczęta
Lidzbark Warmiński
Orneta
Bisztynek
Reszel
Godziszewo
Tczew
Starogard Gd.
Czarlin
Malbork
Jez. Drużno
Pasłęk
Miłakowo
Dobre Miasto
Jeziorany
Warmia
Zblewo
Sztum
Dzierzgoń
Morąg
Gniew
Zalewo
Biskupiec
Skórcz
Łukta
Prabuty
OLSZTYN
Łuby
Kwidzyn
Susz
Ostróda
Dźwierzuty
Nowe
Jez. Jeziorak
Babięta
Osie
Pojezierze Mazurskie
Iława
Olsztynek
Szczytno
Łasin
GRUDZIĄDZ
Lubawa
Świecie
Paparzyn
Jabłonowo Pomorskie
Nowe Miasto Lubawskie
Wielbark
Chełmno
Radzyń Chełmiński
Nidzica
Wąbrzeźno
Lidzbark
Chorzele
Chełmża
Brodnica
Działdowo
Lipnica
Krzynowłoga Mł.
Woj. kujawsko-pomorskie
TORUŃ
Rypin
Mława
Żuromin
Grudusk
Przasnysz
Biežuń
Maków Mazowiecki
Skępe
Sierpc
Ciechanów
Lipno
Raciąż
Glinojeck
Budków
Parcele-Przewodowo
WŁOCŁAWEK
Dobrzyń n. Wisłą
Radziejów
Bielsk
Góra
Pułtusk
Jez. Gopło
Brześć Kujawski
Płońsk
Kowal
PŁOCK
Bulkowo
Nasielsk
Serock
Sompolno
Chodecz
Lubień Kujawski
Gostynin
Bodzanów
Legion
Jabłonna
Brdów
Łanięta
Wyszogród
Nowy Dwór Maz.
Sanniki
Kampinoski P.N.
Kłodawa
Krośniewice
Żelazowa Wola
Sochaczew
Koło
Kutno
Błonie
Dąbie
Łowicz
Nieborów
Grodzisk Mazowiecki
Łęczyca
Piątek
Bielawy
Arkadia
Żyrardów
Piaseczno
Turek
Ozorków
Łyszkowice
Mszczonów
Uniejów
Poddębice
Zgierz
ŁÓDŹ
Skierniewice
Grójec
Warta
Wisła
Łyna
Wda
E28
E77
E75
E30
A2
134

D
E
F
1
2
3
4
5
6
Pagėgiai
Šovetsk
Smalininkai
Jurbarkas
Raudonė
Babtai
Jonava
Vilkija
Neman
Krasnoznamensk
Šakiai
A216
A198
Luninо
Instruč
Pobedino
Griška būdis
KAUNAS
E85
Kaišiadorys
Garliava
Kauno Marios
Uljanovo
Dobrovol'sk
Kudirkos Naumiestis
Kazlu Rūda
E67
SSIJA
LIETUVA
Černjahovsk
Nesterov
Kybartai
Vilkaviškis
Prienai
Aukštadvaris
E28
A7
A16
Gusev
Marijampolė
Birštonas
Jieznas
oblast'
Golubaja
Šešupė
Rausvė
A5
Vyštys
87
Alytus
A197
Ozersk
Vištyčio ež.
Kalvarija
Simnas
Dovinė
Dusios ež.
Daugai
Krylovo
Banie Mazurskie
Gołdap
Wyżajny
Lazdijai
Seirijai
Merkinė
Dzūkijos nacionalinis parkas
Węgorzewo
308
48
8
Suwałki
Sejny
Veisiejai
Marcinkonys
Jez. Mamry
Giżycko
Olecko
E67
Jez. Wigry
Kapčiamiestis
A4
Druskininkai
Wigierski P.N.
Nieman
Ełk
16
Augustów
190
Orzysz
Jez. Selmęt
161
Hrodnenskaja
Lipsk
HRODNA
Azëry
148
Jez. Rajgrodzkie
Sztabin
Dąbrowa Białostocka
Grajewo
Pisz
Biała Piska
M6
Skidal'
Biebrzański
Suchowola
Szczuczyn
61
8
91
voblasc'
Indura
Park
Korycin
Sokółka
Kolno
Stawiski
78
Bohoniki
P99
Mońki
Biebrza
Narodowy
19
Kisielnica
Jedwabne
Tykocin
Krynki
Kruszyniany
Vjal. Berastavica
Łomża
64
8
Bobrowniki
Vavkavysk
66
Pahraničny
E67
BIAŁYSTOK
Ostrołęka
Svislač
Sokoły
Zabłudów
Zambrów
Narew
212
Woj. podlaskie
60
Ostrów Mazowiecka
Czyżew-Osada
Bielsk Podlaski
Białowieski P.N.
Brańsk
Hajnówka
8
194
Ciechanowiec
P.N. Belavežskaja pušča
19
Kleszczele
Kamjanjunki
Šarašova
Bug
195
Łochów
Brėsckaja
Węgrów
Sokołów Podlaski
Siemiatycze
Vysokae
Kamjanec
50
ZAWA
Ljasnaja
Vidamlja
voblasc'
Mińsk Mazowiecki
Janów Podlaski
186
Žabinka
Kobryn
P83
M1
Łosice
811
Siedlce
217
2
E30
Biała Podlaska
Terespol
BREST
M12
E30
2
Kołbiel
P17
30 km
Stoczek Łukowski
Łuków
Garwolin
Międzyrzec P
135
Bradzjacin
Makrany
Sjarednenёmanskaja nizina
BELARUS
Mazurskie
Svislač
Ros'

128
A
B
C
1
2
3
4
5
6
Pojezierze Wielkopolskie
Woj. lubuskie
Woj. dolnośląskie
Niziny Wielko
Wał
DEUTSCHLAND
Ober-
lausitz
Niederlausitz
Spreewald
ČESKÁ REPUBLIKA
Českomoravská vrchovina
Středočeská vrchovina
Liberecký kraj
Ústecký kraj
Královehradecký kraj
Pardubický kraj
Středočeský kraj
Jihlavský kraj
Brněnský
Seelow
Müncheberg
Fürstenwalde
Frankfurt (O.)
Słubice
Rzepin
Torzym
Łagów
Sulęcin
Krzeszyce
Międzyrzecz
Trzciel
Pniewy
Lwówek
Nowy Tomyśl
Zbąszyń
Grodzisk Wlkp.
Wielkopolski P.N.
Kościan
Świebodzin
Sulechów
Kargowa
Wolsztyn
Beeskow
Eisenhüttenstadt
Odra
Gr. Schwielowsee
Krosno Odrzańskie
Lieberose
Lübben
Lübbenau
Guben
Gubin
Peitz
Swidnica
ZIELONA GÓRA
Lubsko
Bóbr
Nowogród Bobrzański
Kożuchów
Nowa Sól
Wschowa
Szlichtyngowa
Leszno
COTTBUS
Forst
Spremberg.
Senftenbg.
Bad Muskau
Łęknica
Weißwasser
Przewóz
Żary
Żagań
Nowe Miasteczko
Głogów
Góra
Szprotawa
Iłowa
Hoyerswerda
Kamenz
Rothenbg. O.L.
Niesky
Stary Węgliniec
Bolesławiec
Lubin
Wołów
Prochowice
Brzeg Dolny
LEGNICA
Bautzen
Bischofswerda
Görlitz
Zgorzelec
Löbau
Lubań
Lwówek Śląski
Złotoryja
Jawor
Strzegom
N.P. Sächs. Schweiz
Sebnitz
B.Schandau
Ebersb.
Zittau
Frýdlant
Leśna
JELENIA GÓRA
Świeradów-Zdrój
Wojanów
Świebodzice
Świdnica
Rumburk
Varnsdorf
Pravčická brána
Děčín
Nový Bor
Česká Kamenice
LIBEREC
Ještěd 1012
Krkonošský národní park
Sněžka 1602
Karkonosze
Krkonoše
Kowary
Kamienna Góra
WAŁBRZYCH
Jablonec n.Nisou
Semily
Špindlerův Mlýn
Vrchlabí
Trutnov
Broumov
Nowa Ruda
Česká Lípa
Mimoň
Doksy
Litoměřice
Turnov
Mnichovo Hradiště
Jičín
Dvůr Králové n.L.
Kudowa Zdrój
P.N. Gór Stołowych
Kłodzko
Náchod
Roudnice n.L.
Mělník
Mladá Boleslav
Jaroměř
Kralupy n.Vlt.
Neratovice
Brandýs n.L.-St.Boleslav
Nový Bydžov
HRADEC KRÁLOVÉ
Orlické hory
Bystrzyca Kłodzka
Śnieżnik 1425
PRAHA
Kladno
Nymburk
Poděbrady
Rychnov n.Kněž.
Kostelec n.Orl.
Pardubice
Holice
Český Brod
Říčany
Kolín
Ústí n.Orl.
Šťíty
Vysoké Mýto
Lanškroun
Karlštejn
Kutná Hora
Chrudim
Čáslav
Česká Třebová
Litomyšl
Benešov
Český Šternberk
vod. nádrž Slapy
Vltava
Hlinsko
Svitavy
Zruč n.Sáz.
Moravská Třebová
Vlašim
Chotěboř
Žďár n.Sáz.
N.Město n.Mor.
Sedlčany
Votice
Havlíčkův Brod
Bystřice n.Pernšt.
vod.n. Kamýk
Humpolec
vod.n. Orlík
Pacov
Pernštejn
Boskovice
Tábor
Pelhřimov
Jihlava
Tišnov
Blansko
Písek
Velké Meziříčí
Veselí n.Luž.
Soběslav
30 km
BRNO
E30
E65
E261
E36
E40
E442
E55
E67
E59
E551
E461
A2
A4
A18
D1
D8
D11
R4
R10

Gniezno
Gopło
Kujawski
Kowal
Bodzanów
D
E
F
129
Gostynin
Swarzędz
Września
Sompolno
Chodecz
Kleczew
Brdów
Łanięta
Ślesin
Słupca
Kłodawa
Krośniewice
Sochaczew
Golina
Konin
Koło
Kutno
Łowicz
Pyzdry
Dąbie
Warta
Woj. wielkopolskie
Rychwał
Łęczyca
Piątek
Bielawy
Turek
Ozorków
Głowno
Jarocin
Prosna
Uniejów
Poddębice
Pleszew
Stawiszyn
Zgierz
Koźmin
KALISZ
Aleksandrów Łódzki
ŁÓDŹ
Warta
Pabianice
Krotoszyn
Ostrów Wlkp.
Błaszki
Szadek
Sieradz
Łask
Milicz
Grabów n. Pr.
Piotrków Trybunalski
Ostrzeszów
Złoczew
Bełchatów
Sulejów
Twardogóra
Lututów
Szczerców
Syców
Kępno
Wieluń
Woj. łodzkie
Kamieńsk
Oleśnica
WROCŁAW
Prosna
Warta
Brzeźnica
Radomsko
Namysłów
Praszka
Rudniki
Oława
Kluczbork
Olesno
Brzeg
Woj. opolskie
CZĘSTOCHOWA
Strzelin
Jez. Turawa
Dobrodzień
Herby
Grodków
Ozimek
Lubliniec
Boronów
Żarki
Koszęcin
OPOLE
Nysa Kłodzka
Zawadzkie
Ziębice
Kieleczka
Strzelce Opolskie
Woj. śląskie
Zawiercie
Nysa
Krapkowice
Góra Świętej Anny
Pyskowice
BYTOM
Wolbrom
Prudnik
CHORZÓW
SOSNOWIEC
Głuchołazy
Kędzierzyn-Koźle
GLIWICE
Mysłowice
Olkusz
Jeseník
KATOWICE
Jaworzno
Głubczyce
Chrzanów
Hrubý Jeseník
Praděd 1491
TYCHY
małopolskie
RACIBÓRZ
RYBNIK
Żory
Oświęcim
Krnov
Odra
Pszczyna
Zator
Bruntál
Opava
Strumień
Kęty
Wadowice
Kalw.
Ostravský kraj
Karviná
BIELSKO-BIAŁA
Sucha Beskidzka
OSTRAVA
Český Těšín
Cieszyn
Skoczów
Uničov
Morava
Šternberk
Sv. Kopeček
Frýdek-Místek
Wisła
Żywiec
Nový Jičín
Lipník n.Beč.
Hranice
Frýdlant n. O.
Valašské Meziříčí
Frenštát p.R.
Přerov
Bystřice p.Host.
Rožnov p. R.
Bílá
Čadca
Námestovo
Prostějov
Holešov
Vsetín
Turzovka
Tvrdošín
Zlínský kraj
Kroměříž
SLOVENSKÁ REP.
N.P. Malá Fatra
Žilina
Dolný Kubín

130
Łęczyca
Piątek
Łowicz
Bielawy
Arkadia
Nieborów
Żyrardów
Grodzisk Mazowiecki
Piaseczno
Uniejów
Poddębice
Ozorków
Głowno
Łyszkowice
Skierniewice
Mszczonów
Zgierz
Aleksandrów Łódzki
Grójec
Warta
ŁÓDŹ
Rawa Mazowiecka
Pilica
Szadek
Pabianice
Białobrzegi
Sieradz
Łask
Tomaszów Mazowiecki
Nowe Miasto
Odrzywół
Piotrków Trybunalski
Złoczew
Lututów
Bełchatów
RADOM
Szczerców
Sulejów
Opoczno
Wieluń
Woj. łodzkie
Kamieńsk
Wyszyna Rudzka
Końskie
Skarżysko Kamienna
Rudniki
Brzeźnica
Radomsko
Przedbórz
Wyżyna
Olesno
Świętokrzyski P.N.
Włoszczowa
Herby
CZĘSTOCHOWA
KIELCE
Lubliniec
Boronów
Koszęcin
Żarki
Morawica
Małopol
Szczekociny
Jędrzejów
Chmielnik
Kieleczka
Woj. śląskie
Staszów
Woj. świętokrzy
Pyskowice
Zawiercie
Wodzisław
Pińczów
BYTOM
Wolbrom
Busko-Zdrój
Stopnica
Wiślica
CHORZÓW
SOSNOWIEC
Miechów
GLIWICE
KATOWICE
Mysłowice
Olkusz
Szczucin
Jaworzno
Słomniki
Kotli
RYBNIK
TYCHY
Chrzanów
Koszyce
Zalipie
Słata Ojców
Nw. Brzesko
Żory
Oświęcim
KRAKÓW
Dunajec
Wisła
Pszczyna
Zator
Brzesko
TARNÓW
Strumień
Kęty
Wadowice
Wieliczka
Bochnia
Karviná
Kalw. Zebrzydowska
Lipnica Murowana
Skoczów
BIELSKO-BIAŁA
Sucha Beskidzka
Myślenice
Biała
Cieszyn
Woj. małopolskie
Biecz
Wisła
Żywiec
Limanowa
Nowy Sącz
Babiogórski P.N.
Rabka-Zdrój
Gorczanski P.N.
Grybów
Čadca
Námestovo
Nowy Targ
Debno
Piwniczna-Zdrój
Beski
Krynica-Zd
Turzovka
Odra
Žilinský
Tvrdošín
Zakopane
Pieninský nár.p.
Muszyna
Malá Fatra
ZAPADNE KAR
Žilina
Párnica
Orava
Dolný Kubín
Tatranský nár. park
Tatry
Gerlachovský štít
Stará Ľubovňa
Považská Bystrica
Kraľovany
Liptovský Mikuláš
Starý Smokovec
Lipany
Kežmarok
Torysa
Martin
Vlkolínec
Ružomberok
Poprad
Spišské Podhradie
N.P. Veľká Fatra
N.P. Nízke Tatry
Levoča
Spišský hrad
Vernár
Spišská Nová Ves
Banskobystrický kraj
Slovenský N.P.
SLOV

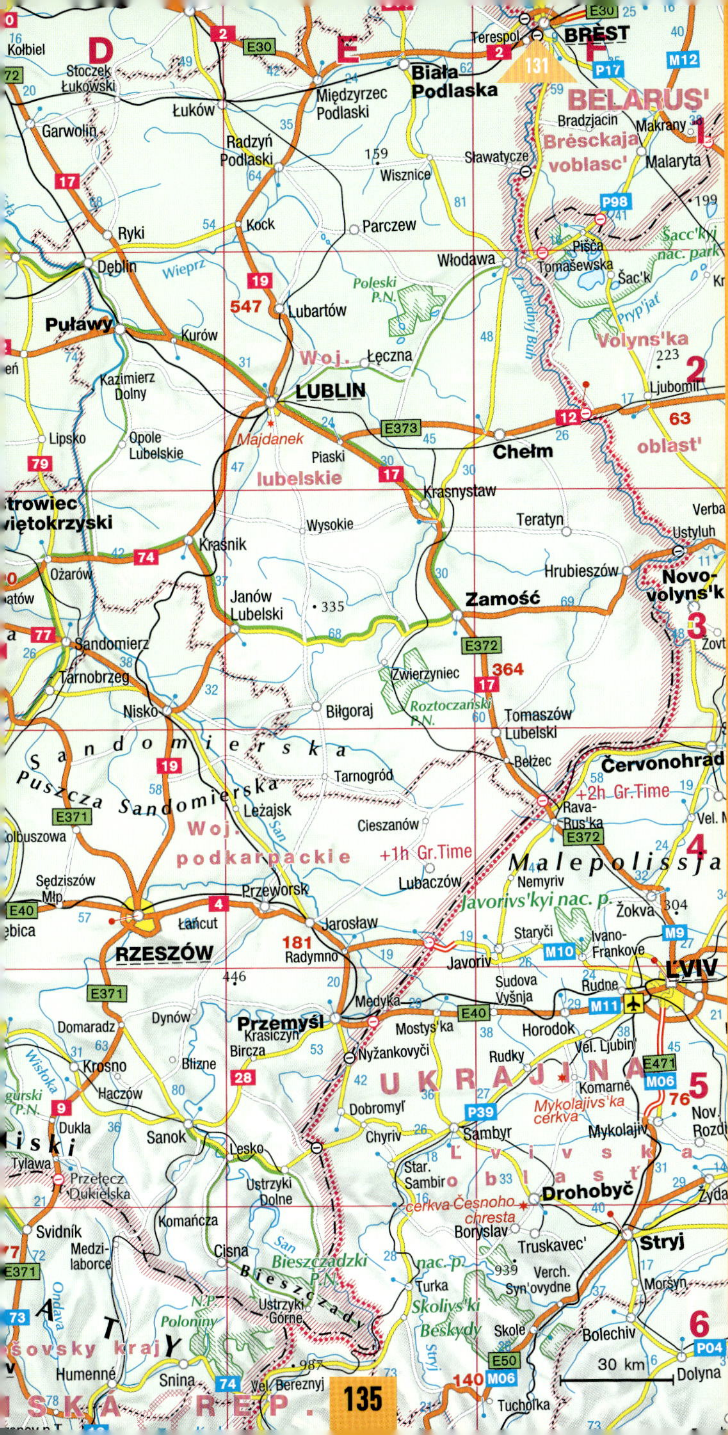

D
E
F
131
Kołbiel
Stoczek Łukowski
Łuków
Garwolin
Międzyrzec Podlaski
Biała Podlaska
Terespol
BREST
BELARUS'
Bradzjacin
Makrany
Brèsckaja voblasc'
Malaryta
Radzyń Podlaski
Wisznice
Sławatycze
Ryki
Kock
Parczew
Dęblin
Wieprz
Włodawa
Pišča
Tomaševska
Šac'k
Šacc'kyi nac. park
Puławy
Lubartów
Poleski P.N.
Zachidnyj Buh
Pryp'jat'
Kurów
Łęczna
Volyns'ka
Kazimierz Dolny
Woj.
LUBLIN
Ljuboml'
Lipsko
Opole Lubelskie
Majdanek
Piaski
Chełm
oblast'
lubelskie
Ostrowiec Świętokrzyski
Krasnystaw
Verba
Wysokie
Teratyn
Ustyluh
Kraśnik
Hrubieszów
Novovolyns'k
Ożarów
Janów Lubelski
Zamość
Sandomierz
Tarnobrzeg
Zwierzyniec
Roztoczański P.N.
Nisko
Biłgoraj
Tomaszów Lubelski
Sandomierska
Puszcza Sandomierska
Tarnogród
Bełżec
Červonohrad
Leżajsk
San
+2h Gr.Time
Rava-Rus'ka
Kolbuszowa
Cieszanów
Woj. podkarpackie
+1h Gr.Time
Malepolissja
Nemyriv
Sędziszów Młp.
Przeworsk
Lubaczów
Javorivs'kyi nac. p.
Žokva
Dębica
Łańcut
Jarosław
Staryči
Ivano-Frankove
RZESZÓW
Radymno
Javoriv
LVIV
Sudova Vyšnja
Rudne
Domaradz
Dynów
Medyka
Przemyśl
Krasiczyn
Mostys'ka
Horodok
Krosno
Bircza
Nyžankovyči
Vel. Ljubin'
Blizne
Rudky
UKRAJINA
Komarne
Wisłoka
Haczów
Dobromyl'
Mykolajivs'ka cerkva
Magurski P.N.
Dukla
Sanok
Chyriv
Sambyr
Mykolajiv
Nov. Rozdil
Tylawa
Lesko
Star. Sambir
L'vivs'ka oblast'
Przełęcz Dukielska
Ustrzyki Dolne
Drohobyč
Židačiv
cerkva Česnoho chresta
Svidník
Komańcza
Boryslav
Stryj
Medzilaborce
Cisna
Truskavec'
Bieszczadzki P.N.
nac. p.
Verch. Syn'ovydne
Ondava
Bieszczady
Turka
Moršyn
N.P. Poloniny
Ustrzyki Górne
Skolivs'ki Beskydy
Skole
Bolechiv
Prešovský kraj
Humenné
Snina
Vel. Bereznyj
Stryi
Dolyna
30 km
Tuchol'ka
SLOVENSKÁ REP.

A
B
C
1
2
3
4
5
6
10 km
129
132
Piła
Różewo
Gostomia
Wysoka
Wyrzysk
Sadki
Śmiłowo
Grabowno
Miasteczko Krajeńskie
Białośliwie
Osiek
Noteć
Kaczory
Gwda
Studzienki
Kowalewko
Trzcianka
Biała
Ujście
Smogulec
Szamocin
Sierniki
Kcynia
Chodzież
Margonin
Kruszewo
Kuźnica Czarnkowska
Sarbia
Gołańcz
Pawłowo Żońskie
Budzyń
Wapno
Czarnków
Ciszkowo
Lubasz
Wyszyny
Łękno
Damasławek
Wągrowiec
Stępuchowo
Połajewo
Ryczywół
Rąbczyn
Tarnówko
Ludomy
Piotrowo
Rogoźno
Mieścisko
Janowiec
Stobnica
Parkowo
Popowo Kościelne
Łopienno
Obrzycko
Rożnowo
Kowanówko
Oborniki
Skoki
Sława
Charbowo
Ostroróg
Szamotuły
Uchorowo
Kłecko
P O J E Z I E R Z E
Górka
Murowana Goślina
Kiszkowo
Komorowo
Pamiątkowo
Chludowo
Biedrusko
Wierzchaczewo
Tuczno
Łubowo
Kaźmierz
Rokietnica
Owińska
Mrowino
Nowa Wieś
Kiekrz
Suchy Las
Czerwonak
Wierzonka
Pobiedziska
Bytyń
Tarnowo Podgórne
Koziegłowy
Kobylnica
Baranowo
Przybórówko
P O Z N A Ń S K I E
POZNAŃ
Sędzinko
Lusówko
Przeźmierowo
Czerniejewo
Więckowice
Swarzędz
Komorniki
Gluchowo
Kostrzyn
Dopiewo
Plewiska
Zalesie
Buk
Krzesiny
Tulce
Klony
Nekla
Wojnowice
Dobieżyn
Konarzewo
Komorniki
Luboń
Wiry
Kleszczewo
Krzyżowniki
Uścięcice
Puszczykowo
Wielkopolski Park Narodowy
Zimin
Chłapowo
Targowa Górka
Września
Stęszew
Jez. Strykowskie
Zberki
Strykowo
Rogalin
G N I E Z N
Mosina
Kórnik
Jez. Bnińskie
Środa Wlkp.
Granowo
Modrze
Miłosław
W o j. w i e l k o p o
Pecna
Głuchowo
Czempiń
Zaniemyśl
Miąskowo
Sulęcinek
Orzechowo
Kiełczewo
Kościan
Str. Gołębin
P O L S
Pięczkowo
N I Z I N A W I E L K O
Krzykosy
Nw Miasto n. Wartą
Warta
Zaborowo
Śrem
Chrząstowo
Boguszyn
Chrzan
Czacz
Racot
Książ Wlkp.
Śmigiel
Gryżyna
Dalewo
Morka
Mchy
Mieszków
Karmin
Jerka
Dolsk
Góra
Jaraczewo
Krzywiń
Lipno
Świerczyna
Stęszyca
Kunowo
Borek Wlkp.
Golina
Osieczna
Hersztupowo
Rusko
Leszno
Garzyn
Borzęciczki
E30
E261
A2

129
133
BYDGOSZCZ
TORUŃ
Inowrocław
Konin
Chełmża
Osielsko
Strzelce Dln.
Nawra
Wybcz
Dąbrowa Chełmińska
Ostromecko
Grzywna
Łysomice
Grębocin
Lubicz
Złotoria
Ślesin
Kan. Bydgoski
Potulice
Łochowo
Białe Błota
Brda
Solec Kujawski
Przyłubie
Zławieś Wlk.
Górsk
Rynarzewo
Brzoza
Szubin
Wlk. Nieszawka
Rez. leśny Kępa Bazarowa
Łabiszyn
Nowa Wieś Wielka
Rojewo
Gniewkowo
Ciechocinek
Aleksandrów Kujawski
Służewo
Raciążek
Złotniki Kujawskie
Dźwierzchno
Jaksice
Żnin
Murczyn
Barcin
Bielawy
Pakość
Parchanie
Stanomin
Brudnowo
Wenecja
Rez. archeologiczny
Gąsawa
Broniewice
Janikowo
Pieranie
Zakrzewo
Ujma Duża
Dąbrowa
Tupadły
Niestronno
Jez. Pakoskie
Markowice
Kruszwica
Dobre
Kan. Bachorze
Ryszewo
Mogilno
Strzelno
Kwieciszewo
Jez. Gopło
Radziejów
Osięciny
Kruchowo
Wylatowo
Gębice
Witowo
Jez. Głuszyńskie
Lubranie
Trzemeszno
Trzemża
Piotrków Kujawski
Topólka
Gniezno
Sokołowo
Jez. Skorzęcińskie
Orchowo
Wilczyn
Skulsk
Niechanowo
Wilczogóra
Skorzęcin
Witkówko
Powidz
Noteć
Mierzewo
Jaworowo
Mielżyn
Janowo
Siernicze Mł.
Sompolno
Izbica Kujawska
Lubotyń
Ślesin
Kleczew
Giewartów
Ostrowite
Przytuki
Sierakowo
Kazimierz Biskupi
Lubstów
Brdów
Babiak
Strzałkowo
Drążna
Str. Licheń
Koszary
Słupca
Kozarzew
Wrząca Wlk.
Kramsk
Str. Budzisław
Cienin Kośc.
Bieganowo
Golina
Ochle
Ciążeń
Lądek
Słupca
Sługocin
Konin
Brzeźno
Warta
Koło
Grzegorzew
Sławsk
Drożeń
Kościelec
Pyzdry
Zagórów
Str. Miasto
Osiecza
Rzgów
Modła
Drzewce
Łukom
Chylin
Brudzew
Galew
Kwiatków
Tuliszków
Gizałki
Białobłoty
Rychwał
Grzymiszew
Posoka
Grab
Grodziec
Turek
Sucha
Dzierzbin
Chocz
Olszówka
Spicimierz
Słuszków
Malanów
Brudzewek
Zbiersk
Stawiszyn
Kowale Pańskie
Pański
Dobra
Pleszew
Janków
Kowalew
Goliszew
Ceków
Dąbrowa
Skęczniew
Niemysłów
Wyganki
Nadzież
Głuchów
Wojewódzko kujawsko-pomorskie
Pojezierze Kujawskie
Wielkopolskie
E261
E75
E30
A2
S10

Sochaczew
Błonie
Pruszków
Brwinów
Milanówek
Grodzisk Maz.
Żyrardów
Piastów
WARSZAWA
OCHOTA
MOKOTÓW
WILANÓW
PRAGA POŁUDNIE
Józefów
Otwock
Wesoła
Wiązowna
Karczew
Piaseczno
Konstancin-Jeziorna
Celestynów
Góra Kalwaria
Czersk
Skierniewice
Mszczonów
Tarczyn
Grójec
Warka
Pilica
Rawa Mazowiecka
Biała Rawska
Mogielnica
Białobrzegi
Nowe Miasto n. Pilicą
Przysucha
Opoczno
Końskie
Szydłowiec
RADOM
Skarżysko-Kamienna
Starachowice
Suchedniów
Iłża
KIELCE
Chęciny
Jaskinia Raj
Łysica
Łysa Góra
Nowa Słupia
Świętokrzyski P. N.
Bodzentyn
Woj. mazowieckie
Woj. świętokrzyskie
WYŻYNA KIELECKO-SANDOMIERSKA
WZGÓRZA KONECKIE
RÓWNINA RADOMSKA
PRZEDGÓRZE IŁŻECKIE
G. ŚWIĘTOKRZYSKIE
ŁYSOGÓRY
130
134
E67
E77
E371
S7
7
8
9
12
17
42
48
50
74
79
740

D
E
F
1
2
3
4
5
6
131
135
10 km
Kałuszyn
Jędrzejów
Mińsk Maz.
Mienia
Cegłów
Kuflew
Siennica
Kośminy
Jeruzal
Wielgolas
Lipiny
Wodynie
Starogród
Gocław
Świder
Seroczyn
Oleksianka
Parysów
Pilawa
Chromin
Wilchta
Stoczek Łukowski
Garwolin
Jagodne
Ciechomin Włościański
Miastków Kościelny
Wola Mysłowska
Górzno
Gąsów
Dąbrowa
Łaskarzew
Kamień
Żelechów
Sobolew
Korytnica
Trojanów
Maciejowice
Str. Zadybie
Kłoczew
Okrzeja
Okrzejka
Wola Życka
Paprotnia
Ryki
Pawłowice
Stężyca
Wisła
Dęblin
Brzeziny
Moszczanka
Zajezierze
Brzeźnica
Wola Klasztorna
Gołąb
Garbatka-Letnisko
Gniewoszów
Policzna
Czarnolas
dwór
Góra Puławska
Puławy
Końskowola
Załazy
Anielin
Łagów
Janowiec
Bochotnica
Kazimierz Dln.
Zwoleńka
Stefanów
Str. Tymienica
Lucimia
Chotcza
Ciepielów
Wilków
Rybaki
Uściąż
Karczmiska
Barciejowice
Lipsko
Solec nad Wisłą
Kępa Gostecka
Niezdów
Opole Lubelskie
Chodelka
Dziurków
Kamień
Kamionka
Wrzelowiec
Walentynów
Pawłowice
Okół
Ciszyca
Przewozowa
Tarłów
Józefów
Wyżnica
Kamienna
Wiktoryn
Sulejów
Wólka Lipowa
Słupia
Nadbrzeźna
Lasocin
Ożarów
Annopol
Janików
Czyżów
Jakubowice
Zawichost
Wyspa
Stodoły
Daromin
Gałkowice-Ocin
Dwikozy
Kleczanów
Sandomierz
Bilcza
Gorzyce
Antoniów
Radomyśl
Niwiski
Broszków
Kotuń
Nw. Opole
Siedlce
Skórzec
Muchawka
Ruda Wolińska
Czachy
Stara Róża
Łuków
Wólka Zastawska
Stanin
Świderki
Osiny
Krzywda
Huta-Dąbrowa
Wola Okrzejska
Wojcieszków
Adamów
Konorzatka
Lipiny
Grabów Szlachecki
Karczmiska
Zosin
Przytoczno
Ułęż
Jeziorzany
Wieprz
Skrudki
Baranów
Niebrzegów
Gródek
Żyrzyn
Michów
Wielkolas
Marcinów
Bronisławka
Osiny
Kłoda
Wola Przybysławska
Kurów
Markuszów
Samoklęski
Starościn
Karmanowice Kol.
Piotrowice
Nałęczów
Wąwolnica
Sadurki
Stara Wieś
Szczuczki Czwarte
Wojciechów
Poniatowa
Bełżyce
Strzeszkowice Duże
Chodel
Niedrzwica Kościelna
Niedrzwica Duża
Kępa-Kol.
Wierzbica
Chruślina
Idalin
Stefanówka
Dzierzkowice-Rynek
Skorczyce
Rudnik Szlachecki-Kol.
Bliskowice
Grabówka
Księżomierz
Olbięcin
Kraśnik
Lisnik Duży
Wólka Gościeradowska
Rzeczyca Ziemiańska
Borów
Zdziechowice
Sanna
Zaklików
Potoczek
Gwizdów
Wyczółki
Mordy
Łosice
Olszanka
Szydłówka
Zbuczyn Poduchowny
Tchórzew-Plewki
Borki-Kosy
Gostchórz
Krynka
Mikłusy
Krzewica
Zasiadki
Mostów
Rogoźnica
Międzyrzec Podlaski
Strzakły
Trzebieszów
Dębowica
Krzna Pn.
Brzozowica
Strzyżew
Olszewnica
Lipniaki
Kąkolewnica Wschodnia
Szóstka
Świdry
Gołąbki
Paskudy
Turów
Ostrówki
Domaszewnica
Ulan-Majorat
Radzyń Podlaski
Biała
Wohyń
Wola Osowińska
Niewęgłosz
Serokomla
Borki
Suchowola
Tyśmienica
Czemierniki
Kock
Siemień
Tarkawica
Giżyce
Firlej
Rudno
Leszkowice
Niedźwiada
Kamionka
Kozłówka
Kaznów
Lubartów
Wola Sernicka
Trzciniec
Jawidz
Krasienin
Nasutów
Niemce
Ciecierzyn
Panieńszczyzna
Bystrzyca
Łuszczów Pierwszy
Janowice
LUBLIN
Majdanek
Świdnik
Wilczopole
Wólka Abramowicka
Krężnica Jara
Osmolice
Jabłonna-Majątek
Chmiel Drugi
Stryjno Drugie
Strzyżewice
Piotrków Pierwszy
Bychawa
Krzczonów-Wójtostwo
Bystrzyca
Zakrzówek-Osada
Stara Wieś
Giełczew
Sulów
Wysokie
Stawce
Guzówka
Błażek
Turobin
Polichna
Zdziłowice
Chrzanów
Huta Turobińska
Godziszów
Modliborzyce
Gilów
Goraj
Chłopków
Teodorówka
Janów Lubelski
Krzemień
Woj. lubelskie
WYŻYNA
LUBELSKA

A
B
C
132
BORY DOLNOŚLĄSKIE
dolno
Chocianów
Szklary Dln.
Dąbrowa Dolna
Lubin
Parkoszów
Golnice
Grodzanowice
Trzebnice
Krzeczyn Wlk.
Chróstnik
Parszowice
Miłosna
Rokitki
Kliczków
Krzyżowa
Jaroszówka
Nowa Wieś
Tomaszów Grn.
Krzywa
Chojnów
Grzymalin
Rzeszotary
Bolesławiec
Okmiany
Iwiny
Studnica
Kunice
Kraszowice
Czerna
Nowogrodziec
Nowe Jaroszowice
Olszanica
Raciborowice Górne
Zagrodno
Łukaszów
LEGNICA
Koskowice
Rogoźnica
Gościszów
Chmielno
Bielanka
Pielgrzymka
Złotoryja
Nowa Wieś Legnicka
Legnickie Pole
Małuszów
Wądroże
Mierczyce
Lubań
Niwnice
Lwówek Śląski
Sobota
Nowy Kościół
Sichów
Wilków
Pomocne
Piotrowice
Jawor
Luboradz
Drogo
Olszyna
POGÓRZE IZERSKIE
Gryfów Śl.
Pławna
Wleń
Rząśnik
Świerzawa
Paszowice
Rogoźnica
Złotniki Lubańskie
Lubomierz
Chmieleń
Mirsk
Sokola
Były obóz koncentracyjny
Roztoka
Strzegom
Pobiedna
Pasiecznik
Siedlęcin
Dziwiszów
Wojcieszów
Lipa
Świeradów-Zdrój
Stara Kamienica
G. KACZAWSKIE
Kaczorów
Bolków
Dobromierz
Stanowice
Wojcieszyce
JELENIA GÓRA
Mysłakowice
Karpniki
Miedzianka
Świebodzice
G. Izerskie
Szklarska Poręba
Jakuszyce
Piechowice
Sosnówka
Miłków
Kostrzuca
Wościszowice
Marciszów
Stare Bogaczowice
Szczawno Zdrój
WAŁB
Karkonoski P.N.
Borowice
Kowary
Pisarzowice
G. Wałbrzyskie
Karkonosze
Harrachov
Kotel
Rokytnice n. Jiz.
Karpacz
Kamienna Góra
Czarny Bór
Boguszów-Gorce
Modlis
W.-Kozice
Tanvald
Horní Mísečky
Špindlerův Mlýn
Sněžka
Malá Úpa
Krzeszów
Lubawka
Unisław Śląski
Kochanów
Jedlin
Głusz
Jablonec n. Jiz.
Krkonošský národní park
Pec p. Sněžkou
Miszkowice
Královec
Chełmsko Śląskie
Mieroszów
Žacléř
Bozkovské jeskyně
Černá h.
Bernartice
Adršpašsko-teplic. skály
Golińsk
Meziměstí
Hrabačov
Vrchlabí
Svoboda n. Úpou
Okrzeszyn
Semily
Jilemnice
Čistá
Janské Lázně
Rudník
Mladé Buky
Poříčí
Chvaleč
Teplice n. Metují
Čáp
Broumov
Šwierki
Košťálov
Studenec
Hostinné
Vlčice
Trutnov
Horní Vernéřovice
Česká Metuje
Otovice
Horka u St. Paky
Chotěvice
Pilníkov
Úpice
Vel. Dřevič
Police n.Met.
Machov
Radków
Stará Paka
Nová Paka
Pecka
Mostek
Rtyně Podkrkonoší
Hronov
Szczel. Wlk.
Železnice
Bělá u Pecky
Lázně Bělohrad
Dvůr Králové n. Lab.
Kocheře
Červ. Kostelec
Bledné Skály
Karłów
Jičín
Úlibice
Ratibořice
Náchod
Kudowa-Zdrój
ČESKÁ REP.
Chvalkovice
Č. Skalice
Lewin Kłodzki
Miletín
Lanžov
Kuks
Betlém
Peklo
Jičíněves
Ostroměř
Hořice
vod. n. Rozkoš
N. Město n. Met.
Olešnice v Orl. h.
Sukorady
Jaroměř
Vysoké Veselí
Hustířany
Josefov
Bohuslavice
Bohdašín
Šerlich
Smidary
Smiřice
Libřice
Dobruška
Deštné
Mezilíčí
Dobré
Orlick
Nový Bydžov
Suchá
Všestary
Opočno
Nechanice
Hrádek u Nechanic
HRADEC KRÁLOVÉ
Bolehošť
Solnice
Rychnov n. Kněžnou
Karlova Koruna
Chlumec n. Cidl.
Třebechovice p. Orebem
Lično
Dobřenice
Opatovice n. Lab.
Týniště n. Orlicí
Kostelec n. Orlicí
Slatina n. Zd.
Loukonosy
Býšť
Častolovice
Rohovládova Bělá
Lázně Bohdaneč
Borohrádek
Vamberk
10 km

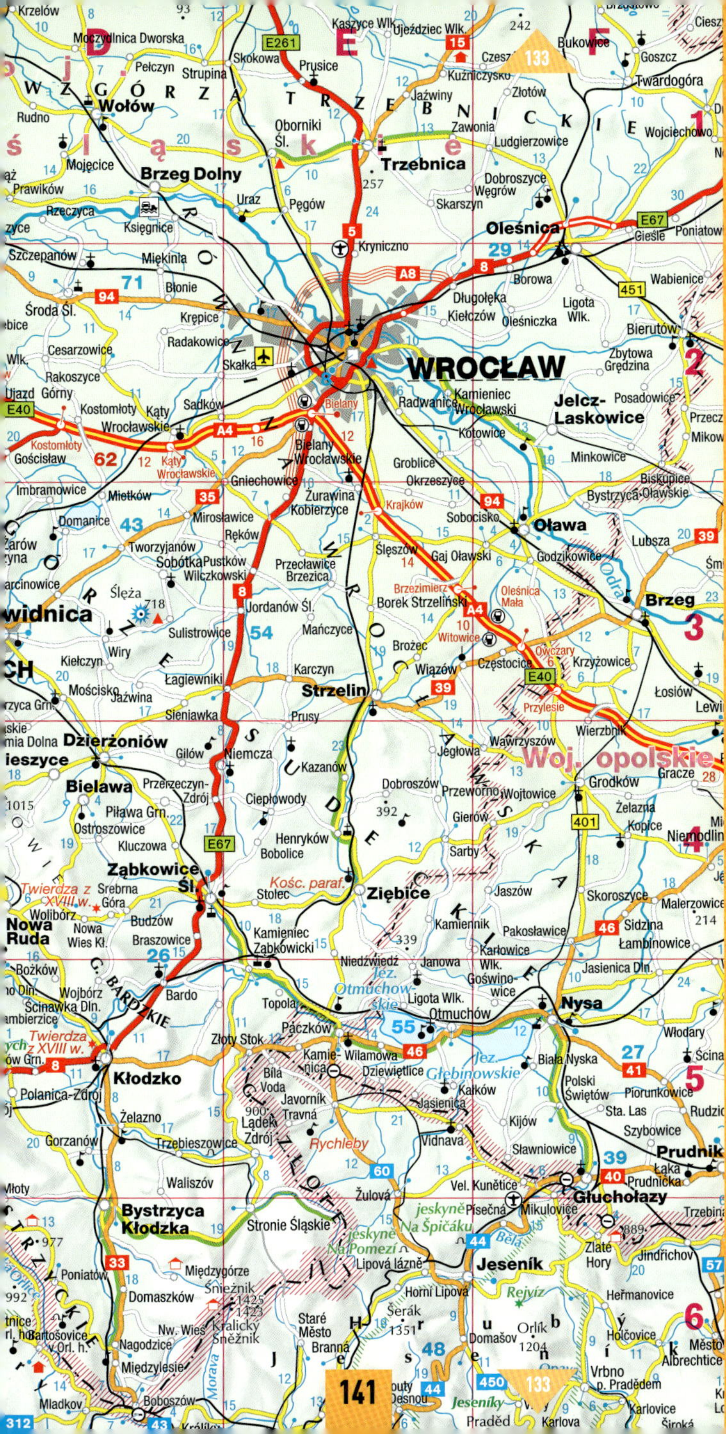

D
E
F
133
Krzelów
Moczydlnica Dworska
Pełczyn
Strupina
Skokowa
E261
Prusice
Kaszyce Wlk.
Ujeździec Wlk.
15
Czeszów
Kuźniczysko
Bukowice
Goszcz
Twardogóra
Wzgórza Trzebnickie
Wołów
Rudno
Oborniki Śl.
Jaźwiny
Zawonia
Złotów
Ludgierzowice
Wojciechowo
Dolnośląskie
Mojęcice
Prawików
Brzeg Dolny
Trzebnica
257
Dobroszyce
Węgrów
Skarszyn
Rzeczyca
Księginice
Uraz
Pęgów
5
Kryniczno
Oleśnica
E67
Cieśle
Poniatowice
Szczepanów
Miękinia
71
Błonie
A8
8
29
Borowa
Wabienice
94
Środa Śl.
Długołęka
Kiełczów
Oleśniczka
Ligota Wlk.
451
Krępice
Bierutów
Radakowice
Cesarzowice
Skałka
WROCŁAW
Zbytowa
Grędzina
Rakoszyce
Ujazd Górny
E40
Kostomłoty
Kąty Wrocławskie
Sadków
Bielany
Radwanice
Kamieniec Wrocławski
Jelcz-Laskowice
Posadowice
A4
16
Kotowice
Gościsław
62
Bielany Wrocławskie
12
Minkowice
Gniechowice
Groblice
Okrzeszyce
Biskupice
Bystrzyca Oławskie
Imbramowice
Mietków
35
Żurawina
Kobierzyce
Krajków
Sobocisko
94
Oława
Domanice
43
Mirosławice
Ręków
Lubsza
39
Tworzyjanów
Sobótka
Pustków Wilczkowski
Przecławice
Brzezica
Ślęszów
Gaj Oławski
Godzikowice
Odra
Ślęża
718
8
Brzezimierz
Borek Strzeliński
Oleśnica Mała
Brzeg
3
Świdnica
Jordanów Śl.
A4
Sulistrowice
54
Mańczyce
Brożec
Witowice
Owczary
Krzyżowice
Wiry
Kiełczyn
Łagiewniki
Karczyn
Strzelin
Wiązów
Częstocice
E40
Łosiów
Mościsko
Jaźwina
39
Przylesie
Sieniawka
Prusy
Wawrzyszów
Wierzbnik
Dzierżoniów
Gilów
Niemcza
Kazanów
Jegłowa
Woj. opolskie
Gracze
28
Bielawa
Przerzeczyn-Zdrój
Ciepłowody
Dobroszów
Przeworno
Wojtowice
Grodków
Piława Grn.
Ostroszowice
Kluczowa
Henryków
Bobolice
392
Gierów
Żelazna
Kopice
401
Niemodlin
4
Ząbkowice Śl.
E67
Sarby
Twierdza z XVIII w.
Srebrna Góra
Stolec
Kośc. paraf.
Ziębice
Jaszów
Skoroszyce
Malerzowice
214
Wolibórz
Nowa Ruda
Nowa Wieś Kł.
Budzów
Braszowice
Kamieniec Ząbkowicki
Kamiennik
339
Pakosławice
Karłowice Wlk.
46
Sidzina
Łambinowice
26
Bożków
Bardo
Niedźwiedź
Janowa
Jez. Otmuchowskie
Goświno-wice
Jasienica Dln.
Wojbórz
Ścinawka Dln.
G. Bardzkie
Topola
Ligota Wlk.
Otmuchów
Nysa
Włodary
Twierdza z XVIII w.
Złoty Stok
Paczków
55
27
Ścinawa
8
Kłodzko
Kamieniec
Wilamowa
46
Biała Nyska
41
5
Polanica-Zdrój
Bila Voda
Dziewiętlice
Jez. Głębinowskie
Kałków
Polski Świętów
Piorunkowice
Javorník
Travná
Jasienica
Sta. Las
Rudziczka
Żelazno
900
Lądek Zdrój
Rychleby
Kijów
Szybowice
Gorzanów
Trzebieszowice
Vidnava
Sławniowice
39
Prudnik
60
Łąka Prudnicka
Waliszów
Žulová
Vel. Kunětice
40
Głuchołazy
Bystrzyca Kłodzka
Stronie Śląskie
jeskyně Na Pomezí
jeskyně Na Špičáku
Písečná
Mikulovice
Trzebina
977
889
Zlaté Hory
Jindřichov
57
Poniatów
33
Międzygórze
Lipová lázně
44
Bělá
Jeseník
Domaszków
Śnieżnik
1425
1423
Horní Lipová
Rejvíz
Heřmanovice
6
992
Staré Město
Šerák
1351
Orlík
1204
Holčovice
Bartošovice v Orl. h.
Nw. Wieś
Kralický Sněžník
Branná
48
Domašov
Město Albrechtice
Nagodzice
Międzylesie
Morava
Vrbno p. Pradědem
133
Mladków
Boboszów
Ostružná
Loučná nad Desnou
44
450
Jeseníky
Praděd
Karlova
Karlovice
Široká
312
43
Králíky

KARTENLEGENDE

Autobahn, mehrspurige Straße - in Bau Highway, multilane divided road - under construction		Autoroute, route à plusieurs voies - en construction Autosnelweg, weg met meer rijstroken - in aanleg
Fernverkehrsstraße - in Bau Trunk road - under construction		Route à grande circulation - en construction Weg voor interlokaal verkeer - in aanleg
Hauptstraße Main road		Route principale Hoofdweg
Nebenstraße Secondary road		Route secondaire Overige verharde wegen
Fahrweg, Piste Practicable road, track		Chemin carrossable, piste Weg, piste
Straßennummerierung Road numbering	E20 11 70 26	Numérotage des routes Wegnummering
Entfernungen in Kilometer Distances in kilometers	259 130 129	Distances en kilomètres Afstand in kilometers
Höhe in Meter - Pass Height in meters - Pass	1365	Altitude en mètres - Col Hoogte in meters - Pas
Eisenbahn - Eisenbahnfähre Railway - Railway ferry		Chemin de fer - Ferry-boat Spoorweg - Spoorpont
Autofähre - Schifffahrtslinie Car ferry - Shipping route		Bac autos - Ligne maritime Autoveer - Scheepvaartlijn
Wichtiger internationaler Flughafen - Flughafen Major international airport - Airport		Aéroport important international - Aéroport Belangrijke internationale luchthaven - Luchthaven
Internationale Grenze - Provinzgrenze International boundary - Province boundary		Frontière internationale - Limite de Province Internationale grens - Provinciale grens
Unbestimmte Grenze Undefined boundary		Frontière d'Etat non définie Rijksgrens onbepaalt
Zeitzonengrenze Time zone boundary	-4h Greenwich Time -3h Greenwich Time	Limite de fuseau horaire Tijdzone-grens
Hauptstadt eines souveränen Staates National capital	STOCKHOLM	Capitale nationale Hoofdstad van een souvereine staat
Hauptstadt eines Bundesstaates Federal capital	Nancy	Capitale d'un état fédéral Hoofdstad van een deelstat
Sperrgebiet Restricted area		Zone interdite Verboden gebied
Nationalpark National park		Parc national Nationaal park
Antikes Baudenkmal Ancient monument		Monument antique Antiek monument
Sehenswertes Kulturdenkmal Interesting cultural monument	*Chambord*	Monument culturel intéressant Bezienswaardig cultuurmonument
Sehenswertes Naturdenkmal Interesting natural monument	*Gorges du Tarn*	Monument naturel intéressant Bezienswaardig natuurmonument
Brunnen Well		Puits Bron
Ausflüge & Touren Excursions & tours		Excursions & tours Uitstapjes & tours

FÜR IHRE NÄCHSTE REISE

gibt es folgende MARCO POLO Titel:

DEUTSCHLAND
Allgäu
Amrum/Föhr
Bayerischer Wald
Berlin
Bodensee
Chiemgau/Berchtesgadener Land
Dresden/Sächsische Schweiz
Düsseldorf
Eifel
Erzgebirge/Vogtland
Franken
Frankfurt
Hamburg
Harz
Heidelberg
Köln
Lausitz/Spreewald/Zittauer Gebirge
Leipzig
Lüneburger Heide/Wendland
Mark Brandenburg
Mecklenburgische Seenplatte
Mosel
München
Nordseeküste Schleswig-Holstein
Oberbayern
Ostfriesische Inseln
Ostfriesland/Nordseeküste Niedersachsen/Helgoland
Ostseeküste Mecklenburg-Vorpommern
Ostseeküste Schleswig-Holstein
Pfalz
Potsdam
Rheingau/Wiesbaden
Rügen/Hiddensee/Stralsund
Ruhrgebiet
Sauerland
Schwäbische Alb
Schwarzwald
Stuttgart
Sylt
Thüringen
Usedom
Weimar

ÖSTERREICH | SCHWEIZ
Berner Oberland/Bern
Kärnten
Österreich
Salzburger Land
Schweiz
Steiermark
Tessin
Tirol
Wien
Zürich

FRANKREICH
Bretagne
Burgund
Côte d'Azur/Monaco
Elsass
Frankreich
Französische Atlantikküste
Korsika
Languedoc-Roussillon
Loire-Tal
Nizza/Antibes/Cannes/Monaco
Normandie
Paris
Provence

ITALIEN | MALTA
Apulien
Capri
Dolomiten
Elba/Toskanischer Archipel
Emilia-Romagna
Florenz
Gardasee
Golf von Neapel
Ischia
Italien
Italienische Adria
Italien Nord
Italien Süd
Kalabrien
Ligurien/Cinque Terre
Mailand/Lombardei
Malta/Gozo
Oberital. Seen
Piemont/Turin
Rom
Sardinien
Sizilien/Liparische Inseln
Südtirol
Toskana
Umbrien
Venedig
Venetien/Friaul

SPANIEN | PORTUGAL
Algarve
Andalusien
Barcelona
Baskenland/Bilbao
Costa Blanca
Costa Brava
Costa del Sol/Granada
Fuerteventura
Gran Canaria
Ibiza/Formentera
Jakobsweg/Spanien
La Gomera/El Hierro
Lanzarote
La Palma
Lissabon
Madeira
Madrid
Mallorca
Menorca
Portugal
Sevilla
Spanien
Teneriffa

NORDEUROPA
Bornholm
Dänemark
Finnland
Island
Kopenhagen
Norwegen
Oslo
Schweden
Stockholm
Südschweden

WESTEUROPA | BENELUX
Amsterdam
Brüssel
Dublin
Edinburgh
England
Flandern
Irland
Kanalinseln
London
Luxemburg
Niederlande
Niederländische Küste
Schottland
Südengland

OSTEUROPA
Baltikum
Budapest
Danzig
Estland
Kaliningrader Gebiet
Krakau
Lettland
Litauen/Kurische Nehrung
Masurische Seen
Moskau
Plattensee
Polen
Polnische Ostseeküste/Danzig
Prag
Riesengebirge
Russland
Slowakei
St. Petersburg
Tallinn
Tschechien
Ukraine
Ungarn
Warschau

SÜDOSTEUROPA
Bulgarien
Bulgarische Schwarzmeerküste
Kroatische Küste/Dalmatien
Kroatische Küste/Istrien/Kvarner
Montenegro
Rumänien
Slowenien

GRIECHENLAND | TÜRKEI | ZYPERN
Athen
Chalkidiki
Griechenland Festland
Griechische Inseln/Ägäis
Istanbul
Korfu
Kos
Kreta
Peloponnes
Rhodos
Samos
Santorin
Türkei
Türkische Südküste
Türkische Westküste
Zakinthos
Zypern

NORDAMERIKA
Alaska
Chicago und die Großen Seen
Florida
Hawaii
Kalifornien
Kanada
Kanada Ost
Kanada West
Las Vegas
Los Angeles
New York
San Francisco
USA
USA Neuengland/Long Island
USA Ost
USA Südstaaten/New Orleans
USA Südwest
USA West
Washington D.C.

MITTEL- UND SÜDAMERIKA
Argentinien
Brasilien
Chile
Costa Rica
Dominikanische Republik
Jamaika
Karibik/Große Antillen
Karibik/Kleine Antillen
Kuba
Mexiko
Peru/Bolivien
Venezuela
Yucatán

AFRIKA | VORDERER ORIENT
Ägypten
Djerba/Südtunesien
Dubai
Israel
Jerusalem
Jordanien
Kapstadt/Wine Lands/Garden Route
Kapverdische Inseln
Kenia
Marokko
Namibia
Qatar/Bahrain/Kuwait
Rotes Meer/Sinai
Südafrika
Tansania, Sansibar
Tunesien
Vereinigte Arabische Emirate

ASIEN
Bali/Lombok
Bangkok
China
Hongkong/Macau
Indien
Indien/Der Süden
Japan
Kambodscha
Ko Samui/Ko Phangan
Krabi/Ko Phi Phi/Ko Lanta
Malaysia
Nepal
Peking
Philippinen
Phuket
Rajasthan
Shanghai
Singapur
Sri Lanka
Thailand
Tokio
Vietnam

INDISCHER OZEAN | PAZIFIK
Australien
Malediven
Mauritius
Neuseeland
Seychellen
Südsee

REGISTER

In diesem Register sind alle im Reiseführer erwähnten Orte und Ausflugsziele sowie einige wichtige Namen aufgeführt. Halbfette Seitenzahlen verweisen auf den Haupteintrag.

> SCHREIBEN SIE UNS

Liebe Leserin, lieber Leser,

wir setzen alles daran, Ihnen möglichst aktuelle Informationen mit auf die Reise zu geben. Dennoch schleichen sich manchmal Fehler ein – trotz gründlicher Recherche unserer Autoren/innen. Sie haben sicherlich Verständnis, dass der Verlag dafür keine Haftung übernehmen kann.

Wir freuen uns aber, wenn Sie uns schreiben.

Senden Sie Ihre Post an die MARCO POLO Redaktion, MAIRDUMONT, Postfach 3151, 73751 Ostfildern, info@marcopolo.de

IMPRESSUM

Titelbild: Volkstanzgruppe (Alamy: B & Y. Photography)
Fotos: Alamy: B & Y. Photography (1); Aquafun: Krystian Kapusta (106 M. r.); Bilderberg: Drexel (46/47, 50), Gerber (88), Ginter (23), Modrak (69), Schmitz (115); O. Bolch (21, 48, 54, 126/127); Cień Klub: Krzysztof Sobczyk (107 u. r.); Folia Concept Club: P. Szuba 107 M. l.); ©fotolia.com: PHB.cz (13 o.); R. Freyer (U. M., 2 l., 2 M., 3 l., 5, 6/7, 8, 18, 27, 28/29, 33, 34, 36/37, 43, 60, 71, 74, 82, 90, 100/101); HB Verlag: Hirth (35, 41, 108/109), Kalmár (40); Huber: Gräfenhain (72/73, 79, 80), Gusso (84/85), PictureFinders (29), Schmid (58); IFA Bilderteam: Jon Arnold Images (56/57); F. Ihlow (3 M., 110); ©iStockphoto.com: James Camp (106 M. l.), Mike Panic (15 o.), ShyMan (107 M. r.), TerryHealy (107 o. l.); Michael Kowalinski (12 o.); K. Krohn (146); Laif: Hemispheres (98), Hoehn (28), Kristensen (11); Polaris (93), Rodtmann (22/23, 61, 67), Roemers (95), Top (26), VU (90), Westrich (4 l., 86, 87); Look: Pompe (63), Zarod (64/65); MJM Marek Jozwiak i Mateusz Jozwiak s.c.: Lukasz Korzynski (14 M.l.); Mauritius: age (U. l.), Bibikow (92), Pokorski (76), Warburton-Lee (97); Museum of Architecture in Wroclaw: Miroslaw Lanowiecki (14 u.); Wojciech Noworolski (106 o. l.); Katarzyna & Jan Opielka (14 o.); Crazy Mike Ostrowski (106 u. r.); Grzegorz Pilecki (15 u.); Porto Praga: Dawid Rygielski (13 u.); T. Stankiewicz (4 r., 9, 19, 91); Transglobe: Schrader (3 r.); Transit-Archiv: Allner (104), Hirth (U. r., 16/17, 22, 24/25, 30/31, 32, 38, 44, 103, 112/113); Visum: Bruch (53); Warsaw Tour: Iwona Gmyrek (12 u.)

2. (12.), aktualisierte Auflage 2011

Chefredaktion: Michaela Lienemann, Marion Zorn
Autoren: Julia Kramer, Janusz Tycner, Knut Krohn; Redaktion: Jochen Schürmann
Programmbetreuung: Silwen Randebrock; Bildredaktion: Gabriele Forst
Szene/24h: wunder media, München
Kartografie Reiseatlas: © MAIRDUMONT, Ostfildern
Innengestaltung: Zum goldenen Hirschen, Hamburg; Titel/S. 1–3: Factor Product, München
Sprachführer: in Zusammenarbeit mit Ernst Klett Sprachen GmbH, Stuttgart, Redaktion PONS Wörterbücher

Printed in Hungary. Gedruckt auf 100% chlorfrei gebleichtem Papier

> UNSER INSIDER

Der MARCO POLO Korrespondent Knut Krohn im Interview

Knut Krohn lebt seit Anfang 2007 mit seiner Familie in Warschau und arbeitet als Korrespondent für die „Frankfurter Rundschau".

Warum leben Sie in Warschau?

Ich arbeite als Korrespondent, und aus journalistischer Sicht kann man sich kaum einen besseren Platz vorstellen als Polen. Immer wieder bin ich damit beschäftigt, auf beiden Seiten Vorurteile aus dem Weg zu räumen. Am Anfang war es reichlich mühsam, aber inzwischen habe ich mich daran gewöhnt zu erklären, dass in Polen nicht nur geklaute Autos auf den Straßen fahren und Plattenbauten aus grauer sozialistischer Vorzeit stehen.

Was fasziniert Sie an Polen besonders?

Polen ist ein Land im Umbruch, es ist hin- und hergerissen zwischen Tradition und Moderne. Das treibt bisweilen seltsame Blüten. So gibt es im Südosten des Landes noch immer die alten Bauern, die mit ihrem Pferdewagen aufs Feld fahren und mühsam die Ernte einholen. Nur einen Steinwurf von dieser Parzelle entfernt starten vom Regionalflughafen im Billigflieger die Männer nach England, um dort als moderne Wanderarbeiter das Geld für die Familie zu verdienen. Und vielleicht studiert der Enkel dieses alten Bauern im entfernten Warschau, einer Stadt, wo die jungen Menschen vor Neugier und Unternehmungslust nur so strotzen. Diese Unterschiede prägen im Moment das Land und machen es auch für Außenstehende interessant

Welcher Landstrich Polens liegt Ihnen besonders am Herzen?

Fast jede Gegend in Polen hat etwas zu bieten. Die Landschaft Masurens hat mit ihrer unberührten Natur, den urwaldähnlichen Wäldern und den vielen Seen einen ganz besonderen Reiz. Wer seine Ruhe sucht und richtig ausspannen will, ist dort sehr gut aufgehoben. Da es in meiner momentanen Heimatstadt Warschau sehr flach ist, bin ich aber auch gerne in den Bergen im Süden des Landes. Faszinierend ist dort auch die kulturelle Vielfalt, etwa in Niederschlesien, die von den Einwohnern erst jetzt wieder richtig entdeckt wird.

Sprechen Sie Polnisch?

Die Sprache ist die Voraussetzung dafür, mit den Menschen wirklich Kontakt aufzunehmen. Das ist für die Arbeit als Jounalist von grundsätzlicher Bedeutung. Allerdings gehört Polnisch zu jenen schwierigen Sprachen, die ein Ausländer wohl nie wirklich perfekt lernen wird.

Mögen Sie die polnische Küche?

Ich liebe das polnische Essen. Sauerkraut, Fleisch, saure Suppen, in Essig Eingelegtes – wunderbar! Leider macht sich aber auch hier langsam der westliche Einfluss bemerkbar. Es wird auf Kalorien geachtet, und die Dinge müssen leicht verdaulich sein. Ich halte es da lieber mit den alten Polen: nach dem Essen einen guten Wodka – der ist hier in Polen der Beste der Welt.

> BLOSS NICHT!

Auch in Polen gibt es einige Dinge, die Sie beachten sollten

Unangemessen gekleidet sein

„Oben ohne“ oder „ganz ohne“ am Strand ist weder üblich noch gern gesehen. Für Freizügigkeiten dieser Art gibt es den einzigen offiziellen FKK-Strand bei Krynica Morska auf der Frischen Nehrung und einige allgemein bekannte „wilde“ wie z. B. bei Dębki, Lubiewo und Chałupy auf der Halbinsel Hela. Generell herrscht in Polen eine recht konservative Kleiderordnung, die stark zwischen „offiziell“ und „privat“ unterscheidet und der Situation angemessen zu sein hat. Als taktlos empfindet man daher Besucher in Latschen und Shorts z. B. in Kirchen oder an Orten nationalen Gedenkens wie den ehemaligen Konzentrationslagern.

Rücksichts- und respektlos sein

Im Unterschied zu der westlichen, auf individuelle Freiheit ausgelegten Erziehung wird man in Polen angehalten, auf die Umgebung Rücksicht zu nehmen. Lautes und auffälliges Benehmen, ob lautstarkes Auftreten in einem Restaurant, wildes Fotografieren in Kirchen, eine allzu heiße Knutscherei an öffentlichen Plätzen, wird als unangenehm empfunden. Rücksicht üben sollten Sie auch im anderen Sinne: Auch wenn Ihnen der polnische Katholizismus mit dem Marienkult oder der Papstverehrung etwas seltsam vorkommt, machen Sie keine Witze, und zeigen Sie Respekt. Seien Sie auch mit allzu drastischen Kommentaren zur polnischen Politik oder Geschichte zurückhaltend.

Höfliche Männer falsch verstehen

Von klein auf werden polnische Jungen dazu erzogen, sich respektvoll und zuvorkommend Frauen gegenüber zu verhalten. Der berühmte Handkuss, den Frau sowohl von dem weltgewandten Städter als auch dem einfachsten Bauernjungen erhalten kann, ist das auffälligste Zeichen dafür. Sehen Sie das nicht als Angriff auf die Emanzipation oder gar als plumpe Anmache, auch nicht, wenn man Ihnen die Tür aufhält, den Koffer trägt, aus dem Mantel hilft – das ist selbstverständlich. Genießen Sie es einfach, es wird Ihnen gefallen.

Zebrastreifen trauen

Wenn Sie in Polen über die Straße gehen wollen und sich wartend an die Bordsteinkante stellen, dann werden Sie erleben, dass kein polnischer Autofahrer von Ihnen Notiz nehmen wird. Das muss er laut Straßenverkehrsordnung auch nicht. Erst wenn Sie sich bereits auf dem Übergang befinden, werden Autofahrer anhalten. Meistens jedenfalls. Also vertrauen Sie lieber keinem Zebrastreifen. Sind Sie als Autofahrer unterwegs, seien Sie bitte nicht höflich, und halten Sie nicht vor Zebrastreifen. Kein Einheimischer wird sich vom Fleck rühren, auch nicht, wenn Sie ihn mit freundlichen Gesten ermuntern. Spätestens wenn hinter Ihnen laut gehupt wird, sollten Sie Ihre Zuvorkommenheit aufgeben. Jedenfalls was Zebrastreifen betrifft.